CAMINHOS, TRAMAS E DIÁLOGOS DO TORNAR-SE SUJEITO

Editora Appris Ltda.
1.ª Edição - Copyright© 2024 dos autores
Direitos de Edição Reservados à Editora Appris Ltda.

Nenhuma parte desta obra poderá ser utilizada indevidamente, sem estar de acordo com a Lei nº 9.610/98. Se incorreções forem encontradas, serão de exclusiva responsabilidade de seus organizadores. Foi realizado o Depósito Legal na Fundação Biblioteca Nacional, de acordo com as Leis nos 10.994, de 14/12/2004, e 12.192, de 14/01/2010.

Catalogação na Fonte
Elaborado por: Josefina A. S. Guedes
Bibliotecária CRB 9/870

B819c 2024	Brandão, Ernesto Nunes Caminhos, tramas e diálogos do tornar-se sujeito / Ernesto Nunes Brandão. – 1. ed. – Curitiba: Appris, 2024. 154 p ; 23 cm. – (Multidisciplinaridade em saúde e humanidades). Inclui referências. ISBN 978-65-250-5829-0 1. Educação. 2. Infância. 3. Etnologia. 4. Antropologia. I. Título. II. Série. CDD – 301

Livro de acordo com a normalização técnica da ABNT

Appris
editora

Editora e Livraria Appris Ltda.
Av. Manoel Ribas, 2265 – Mercês
Curitiba/PR – CEP: 80810-002
Tel. (41) 3156 - 4731
www.editoraappris.com.br

Printed in Brazil
Impresso no Brasil

Ernesto Nunes Brandão

CAMINHOS, TRAMAS E DIÁLOGOS DO TORNAR-SE SUJEITO

FICHA TÉCNICA

EDITORIAL	Augusto Coelho
	Sara C. de Andrade Coelho
COMITÊ EDITORIAL	Marli Caetano
	Andréa Barbosa Gouveia - UFPR
	Edmeire C. Pereira - UFPR
	Iraneide da Silva - UFC
	Jacques de Lima Ferreira - UP
SUPERVISOR DA PRODUÇÃO	Renata Cristina Lopes Miccelli
PRODUÇÃO EDITORIAL	Sabrina Costa
REVISÃO	Simone Ceré
DIAGRAMAÇÃO	Bruno Ferreira Nascimento
CAPA	Lívia Costa

COMITÊ CIENTÍFICO DA COLEÇÃO MULTIDISCIPLINARIDADES EM SAÚDE E HUMANIDADES

DIREÇÃO CIENTÍFICA	**Dr.ª Márcia Gonçalves (Unitau)**
CONSULTORES	Lilian Dias Bernardo (IFRJ)
	Taiuani Marquine Raymundo (UFPR)
	Tatiana Barcelos Pontes (UNB)
	Janaína Doria Líbano Soares (IFRJ)
	Rubens Reimao (USP)
	Edson Marques (Unioeste)
	Maria Cristina Marcucci Ribeiro (Unian-SP)
	Maria Helena Zamora (PUC-Rio)
	Aidecivaldo Fernandes de Jesus (FEPI)
	Zaida Aurora Geraldes (Famerp)

À Adriana Pereira, mulher, preta, educadora, que me ensinou a urgência de falar sobre amor, política e negritude com as crianças. Responsável direta por este trabalho.

AGRADECIMENTOS

Gosto desta parte que vem primeiro, mas que a gente escreve no final de tudo. É para não esquecer que a labuta nunca se faz só, se faz em partilha, em apoio, entre risos, conversas, choros e cafunés. A escrita é território de diálogo, por isso, de tantos jeitos, a tantas gentes, agradeço:

À Lucia Pulino, essa Geppetto acadêmica que tem mania de esculpir asas, também chamada de ORIentadora, pela sabedoria e beleza de olhar o mundo.

Ao Sacy, por me ensinar que tirar as coisas do lugar é tão fundamental, e por não ter feito nenhuma travessura grave com este trabalho. Obrigada de coração.

À Vila Esperança, lugar encantado, no sentido de encantaria, de vida.

Às crianças que compõem as histórias narradas aqui, por me ensinarem tantas coisas sobre a Vila, mas também sobre a vida.

Às educadoras e aos educadores: Tia Rô, Micky, Adriana, Haroldo, Renata, Máximo, Jaqueline, Ana Flávia, Elivan, Gustávio, Ronaldo, Regis, Eliane pela generosidade, pela paciência, pela grandeza e beleza que me possibilitaram experienciar.

Ao Babalorixá Robson e a Ialorixá Lucia, centrais na organização e manutenção do Espaço Cultural Vila Esperança, pela paciência e afeto com que trataram, e tratam, meu percurso acadêmico e pessoal. Minha reverência.

Às companheiras e aos companheiros do Movimento Passe Livre DF pelos diálogos sobre negritude, por me alimentarem a rebeldia e me lembrarem que só a luta muda a vida.

A ciência pode classificar e nomear os órgãos de um sabiá
mas não pode medir seus encantos.
A ciência não pode calcular quantos cavalos de força existem
nos encantos de um sabiá.
Quem acumula muita informação perde o condão do adivinhar: divinare.
Os sabiás divinam.

(Manuel de Barros, Livro sobre nada, 1996)

PREFÁCIO

Prezada leitora, prezado leitor:

Perco a conta de quantas vezes escrevi, reescrevi, embolei o que escrevi, e escrevi em pensamentos, olhando para o teto, como se pudesse visualizar numa tela mágica do éter as melhores palavras, as mais justas, aquelas que se aproximassem melhor do que vocês verão nas próximas páginas, e servissem como uma pré-face, de vulto e de valor. Meu senso de criticidade e de autocomiseração (ou seria o senso do ridículo?) faz com que eu me renda às evidências da minha pouca competência em me aproximar do melhor arranjo de palavras para fazer justiça ao percurso-etnográfico-feito-de-olhos-e-coração-de-crianças-e-Ernestos no qual caminho, pela leitura e pela imaginação recompondo os ambientes e situações descritas.

Entrego esse desafio a vocês. Assim como Geertz, que ofereceu suporte interpretativo ao autor nas andanças pelo campo, "enfatiza que a etnografia, diferente de testar hipóteses, propõe ao pesquisador ser desestabilizado pelo campo", sinto-me desestabilizado pela delicadeza do olhar de Ernesto em um lugar onde me sinto familiar, e ao qual estou visceralmente ligado. Em suas escolhas teóricas contra-hegemônicas transparece seu método decolonial de se aproximar com respeito amoroso e delicada discrição dos universos infantis e dos pedagógicos, que constroem este lugar chamado Espaço Cultural Vila Esperança. E, de maneira especial, se aproximar de projeto mais audacioso, que é a Escola Pluricultural Odé Kayodê. Vi confirmada minha convicção de que é a qualidade humana do pesquisador que incide poderosamente na "revelação" de uma realidade, por meio de sua pesquisa. Os escritos aqui reunidos pulsam de força de vida, e são capazes de levantar impulsos sempre renovados de resistência, de ressignificação de sentidos e de pulsão de vida em quem os lê.

Nos diálogos do autor com as crianças e educadores, podemos ver o sonho diário de uma escola libertária, que ousa forjar uma educação baseada em saberes indígenas e africanos, onde corporalidade, reflexões sobre gênero, identidades e direitos eduquem a todas as gentes (não só as crianças) para um mundo melhor, para uma "Terra do Bem-Viver". Essas temáticas são colocadas volitivamente como matéria em pauta no cotidiano desta comunidade educativa, para que, numa maiêutica decolonial, seja rompido o feitiço do pensamento, da organização intelectual, espacial, emocional, estética e espiritual da colonialidade implantada no fatídico 1492.

Como diz o poeta Mario Quintana, "Se tu me amas, ama-me baixinho...". Assim percebi a presença de Ernesto, na roda das crianças, nos projetos da escola, nas entrevistas pelos caminhos, nos "xeque-mates" dados pelas crianças, na genialidade das soluções do simples, que só almas de crianças conseguem alcançar.

Por isso este livro é tão poético! É literário, na acepção da palavra! A cientificidade de seus referenciais teóricos, seu percurso metodológico, dados e análises, não exime o autor de sua intenção comunicativa e estética, que confere a seus escritos cor, gosto, som e toque de Vida.

Ernesto coloca na roda, para dialogarem, a Psicologia, a Antropologia, a Pedagogia, a História, a Sociologia, fazendo uma conversa gostosa e frutuosa. Ele escreveu "para a Vila, para as pessoas da Vila, e não para a academia". Mas sua polissemia valida sua escrita com honra.

Fazer etnografia supõe um talento para a entrega, a entrega de si ao outro, para estabelecer o vínculo humano que garante a possibilidade de encontrar e entender o outro, e de ser afetado por essa alteridade, não acha? É um encontro, só pode ser.

Ernesto é revolucionário, bagunçou a lógica acadêmica da escrita-pesquisa, mas se acalmem os incautos. Ernesto é muito sério e "organizadinho". É treinado na arte da escuta, fez dela seu ofício. Seu rigor metodológico, sua ousadia e mergulho neste campo me fazem lembrar outro Ernesto, cidadão do mundo, e joia de "Nuestra América": o Che, aquele de "La Higuera".

Goiás, janeiro a maio de 2023
Ẹgbẹ́. Vila Esperança

Robson Fatoki Ofalomi Ṣolá

Babalorixá da Religião Tradicional dos Orixás, mestre em Antropologia pela Universidade Federal de Goiás (UFG) e doutorando em Integração da América Latina pela Universidade de São Paulo (PROLAM/USP)

APRESENTAÇÃO

Esta apresentação se pretende, em alguma medida, um costurador da dobra tempo-espaço. Ela vem explicar sobre mim, ou melhor, explicar o que as dobraduras do tempo podem fazer com a gente e nossas produções e escritos. A presente publicação é fruto da dissertação de mestrado *A educação pluricultural na Vila Esperança: caminhos, tramas e diálogos do tornar-se sujeito*, feita na Universidade de Brasília, e produzida de forma etnográfica.

O corpo, na etnografia, marca o olhar de quem se desloca e o olhar de quem recebe um/uma pesquisador/a. Este trabalho foi apresentado em março de 2017, no ano seguinte iniciei meu processo de transição de gênero, incluindo hormonização. Viver no corpo uma transformação de gênero, deparar-me com a dimensão de protocolos que se transformam foi, definitivamente, um grande deslocamento; foi perceber, de forma crua, quão profundas e rígidas são as bases cisnormativas[1] que nos organizam social, política e eticamente. Certamente, se este trabalho fosse feito após a transição, meu olhar seria outro, o olhar dos outros sobre meu corpo também não seria o mesmo. As atuais leituras sobre gênero, que meu deslocamento identitário me convocou a fazer, afetariam de forma profunda esta produção, mas optei por não trazê-las aqui neste momento, e manter o texto sem alterações. Fica para um momento futuro trazer novas perspectivas para este tema em específico. Deixo na esteira do tempo, no colo de Iroko.

Minha relação de admiração e afeto com a Vila Esperança se inaugura no início desta pesquisa e segue até o momento de escrita desta apresentação, no início de 2022. Mesmo alimentando essa troca, ensaiei nesses últimos cinco anos a publicação deste material, encarando a encruzilhada de publicar (tornar público) um trabalho-corpo que já não é. Para esta publicação, mudar o gênero nos artigos do texto, e o nome atualizado do autor não foram suficientes. Abrir aqui esta apresentação, quase como uma nota de rodapé, também não vai ser. Fica a rasteira do tempo dobrado e quebrado. Em algumas partes específicas desta publicação a questão da transição será novamente pontuada, para que seja possível compreender alguns diálogos, e reflexões relevantes. A Vila, os dirigentes do espaço e as crianças também compuseram este momento de reedição identitária, e talvez isso possibilite voltar neste texto e optar por torná-lo público mesmo tanto tempo depois.

---

[1] A cisgeneridade refere-se à condição da pessoa cuja identidade de gênero corresponde ao gênero que lhe foi atribuído no nascimento, grosso modo, o contrário de uma pessoa transgênero. A *cisnormatividade* é a expressão que revela a cisgeneridade como forma social absoluta e universal.

SUMÁRIO

PRÓLOGO...17

INTRODUÇÃO...25

CAPÍTULO 1
CAMINHOS TEÓRICOS E CONTEXTOS....................................31
    De que criança e de que ética partimos..............................31
    A pesquisa etnográfica em psicologia................................41

CAPÍTULO 2
CAMPO É LUGAR..49
    Um "tiquim" do processo histórico de Goiás..........................49
    A cidade de Goiás hoje e a Vila Esperança...........................50
    A Escola..54
    A Vila..61
    A roça..70

CAPÍTULO 3
RELATO ETNOGRÁFICO: QUEM CONTA UM CONTO...................73
    Tempo, tempo, tempo, tempo, és um dos deuses mais lindos..........73
    Pisando com cuidado em terra que não é minha......................75
    Ojó Odé..81
    Brincar e remodelar o mundo.......................................88
    Cabelo da Ana..95
    Coisa de menino, coisa de menina, ou com quantas varetas se faz uma pipa........103
    Coisa de Sacy..112
    "Por que um Orixá precisa de uma bandeja de doces só pra ele?"......117

CAPÍTULO 4
OUTRAS HISTÓRIAS:
"APESAR DE VOCÊ, AMANHÃ HÁ DE SER OUTRO DIA"...............129

CAPÍTULO 5
AFETAÇÕES..137

POSFÁCIO...143

REFERÊNCIAS...145

PRÓLOGO

Conhecemos mais as produções intelectuais ou artísticas, assim como as pessoas, quando olhamos para o processo e não somente para o produto final. Levando isso em consideração, esta seção apresenta o texto utilizado durante a banca de defesa do mestrado, para apresentação do trabalho que deu origem a este livro, apresentado da mesma forma na Vila Esperança, para as crianças. Ele ilustra o processo construído durante os dois anos de pós-graduação, explicando a produção acadêmica em uma linguagem acessível às crianças, e traduzindo um pouco o universo de produção científica que se propõe fazer nos espaços acadêmicos. Esta apresentação, em forma de conto, narra o percurso acadêmico que precede este livro, mas deixa escapar também o desejo de construir pontes de diálogo constantes com a infância.

Quando a gente é criança a gente gosta de fazer perguntas. A gente pergunta, pergunta... Às vezes os adultos se cansam e já começam: "Para com essa perguntação! Que coisa chata!" Aí a gente vai crescendo, vai pra escola, e lá também a gente aprende que não pode ficar perguntando o tempo todo. Daí a gente cresce um pouco mais, e um pouco mais, e vai para uma outra escola chamada universidade ou academia (não é academia de ginástica, é tipo uma academia de fazer exercício com os pensamentos), e aí dizem pra gente fazer perguntas, esse é um exercício importante na academia, e precisam ser boas perguntas. Mas aí a gente já tá meio destreinado, porque ensinaram antes que não era pra perguntar.

Deve ser por isso que chama academia, pra gente retreinar o que desaprendeu nas outras escolas, né? A gente faz perguntas para fazer trabalhos sobre essas perguntas, trabalhos especiais, chamados de mestrado ou doutorado. É assim: você pergunta uma coisa para pesquisar sobre ela, e é chamado de pesquisador. Mas, quando você é só criança perguntando, as pessoas não te chamam de pesquisador, no máximo chamam de curiosa, às vezes de chata. Pois bem, fui fazer o tal mestrado e sabia que precisava de uma boa pergunta. A parte legal é que, quando a gente vai fazer um mestrado, tem uma pessoa que vai ajudar a gente a fazer as perguntas, uma espécie de "professora invertida", que não ensina respostas, ajuda a fazer as perguntas, mas essa professora tem um nome especial, que é orientadora, a pessoa que cuida das perguntas. É um nome engraçado, parece que as perguntas estão todas desorientadas pelo espaço, e a orientadora vai lá e orienta as perguntas... Mas não é nada disso, ela orienta a gente, que quer fazer pergunta – às vezes a gente tá um pouco desorientado. Daí, eu encontrei a minha orientadora, que se chama Lúcia, que é uma moça velhinha, e, para minha sorte, um pouco maluca também, e ela gosta muito de fazer perguntas e ela me disse:

– Muito bem, Ernesto, qual é a pergunta que a gente vai estudar?

E eu disse:

– Não sei.

Daí ela falou:

– Muito bem! Às vezes é importante mesmo não saber, tão bonito não saber, né?

Eu disse que ela era um pouco maluca. Então ela falou:

– Bem, pense numa pergunta muito boa e bem legal pra gente estudar e construir um objetivo.

Objetivo??? É assim, depois da pergunta vem o objetivo, como se fosse uma missão a ser cumprida, é tipo a pergunta mesmo, mas com uma roupinha mais arrumada. É meio confuso. Bem, vamos voltar para a parte das perguntas. Então eu fiquei pensando:

"Hum... uma pergunta bem legal (e tinha que ser uma pergunta bem difícil também, para parecer inteligente, na academia as pessoas parecem todas bem inteligentes...). Já sei!! Uma boa pergunta: 'Se a força gravitacional do planeta Terra está relacionada com a massa/peso do planeta (quanto maior a massa, maior a força gravitacional), e se tá nascendo tanta gente no mundo, que também pesa... será que o peso dos sete bilhões de pessoas altera a força gravitacional do planeta?!' Ah... essa é uma boa pergunta!!"

Vou contar pra Lúcia... Não! Não pode ser este tipo de pergunta, tem que ser uma pergunta de psicologia. É que é assim: na academia as coisas não se misturam muito, é tudo bem separadinho, tem gente que estuda coisas de planetas, tem gente que estuda uns números complicados, tem quem estude só os animais, outras só as leis, e tem gente que estuda a cabeça das pessoas e o jeito das pessoas serem, isso é mais ou menos a psicologia. Tudo separado em caixinhas, é um pouco que nem quando a gente é criança e coloca, sem querer, os sapatos na caixa de brinquedos e a mãe da gente diz: "Isso por acaso é brinquedo pra tá aqui dentro?"

Então, a academia é um pouco assim: tudo tem um lugar certo, e misturar umas coisas pode dar um pouco de problema. Então tinha que ser outra pergunta, não sobre a gravidade da Terra e o peso das pessoas, mas sobre as pessoas. Daí eu pensei:

"Que difícil, né? Existem pessoas de tantos jeitos... Já sei! Tá, existem pessoas de muitos jeitos, mas alguns jeitos são mais bem vistos, são tipo 'melhores' que outros, e a gente até aprende isso na escola!" E, às vezes, os professores nem sabem que estão ensinando que uns jeitos de ser gente são melhores que outros jeitos de ser gente, sabe...? Isso eu sei. Na escola a gente aprende que as coisas de branco, por exemplo, da Europa, são melhores. Bom, isso eu já sei, mas preciso de uma pergunta. Hum... E se existisse um lugar, tipo uma escola, que falasse destas coisas de ser gente de uma outra forma, de como as pessoas são diferentes e é importante ser diferente, de verdade!? Como seria? Legal! Gostei da pergunta, mas, pera... preciso escrever isso de um jeito acadêmico. Aí escrevi assim: "Como um espaço escolar que se pauta pela pluralidade focando em aspectos da cultura negra e indígena (por exemplo), se distanciando de práticas hegemônicas de educação, contribui no processo de desenvolvimento das crianças, em especial crianças não brancas?"

Daí levei essa pergunta para minha orientadora e ela falou:

– Ah! muito bem...

E eu quis logo saber:

– Como será que a gente consegue esta resposta? Já sei! Vamos perguntar para as crianças!

Ela disse:

– Com certeza as crianças são boas respondedoras de perguntas.

Aí eu pensei: "mas pra quais crianças?" e logo lembrei de um lugar que eu conhecia lá em Goiás Velho:

– Ah, já sei! As crianças da Vila Esperança, lá é um lugar meio assim, que gosta de gente de todos os jeitos. Na Vila tem, inclusive, uma escola que se chama Escola Pluricultural Odé Kayodê, que significa caçador de alegria. Mas como eu vou fazer esta pergunta, assim, para as crianças? "Oi, tudo bem? Me diz, por favor, como os espaços plurais contribuem na sua constituição identitária, no seu desenvolvimento?" Eu pensei: "Não, Ernesto, você é um pesquisador, não um perguntador, pesquisadores utilizam métodos".

Já sabia um pouco disso, conhecia alguns métodos, várias coisas interessantes, mas não estava muito contente, queria um tipo de método que fosse mais ou menos assim: ficar junto das pessoas e tentar entender o mundo do jeito que elas entendem, ou sentir o mundo um pouquinho do jeito que elas sentem, tentar olhar o mundo do jeito que elas olham. Daí descobri que isso se chama etnografia. É um pouco difícil, porque a gente precisa mudar a gente mesmo de lugar, tipo assim: se eu quero ver o mundo que nem uma cobra, eu teria que me rastejar que nem uma cobra, se eu quisesse ver o mundo como uma pessoa cega vê, eu teria que ficar de olhos fechados, todo o tempo, fazendo as coisas que ela faz; mais ou menos isso.

É um jeito de fazer pesquisa que, na antropologia, as pessoas usam muito, meio eles, da antropologia, que inventaram e gostam muito dela, da etnografia. Mas poderia se chamar "método metido", porque a gente se mete no meio das pessoas que podem responder nossas perguntas, mas não chama "método metido", chama etnografia, é um nome engraçado, porque parece nome de doença que dá em formiga, mas é um pouco pomposo também, porque é acadêmico, e as coisas acadêmicas gostam de ter nomes difíceis.

Então tava decidido, iria para Goiás, para a Vila Esperança, fazer uma etnografia com as crianças e tentar entender de que forma aquele lugar tão plural comparecia no processo de desenvolvimento delas. Peguei minha malinha, coloquei umas roupas, todas pretas, depois morri de calor porque tava quente pra dedéu, as crianças às vezes até riam das roupas, acho que os adultos também queriam rir, mas se continham. Coloquei na mala o diário e umas canetas (o diário é um caderninho que a gente leva pra anotar tudo que vê, ouve e sente), pois quem faz etnografia tem que ter este caderninho. Daí fui pra Vila me meter entre as crianças e tentar pesquisar a resposta e chegar no objetivo! Humpf! Mas, antes de chegar no objetivo, quanta coisa aconteceu... Descobri um monte de coisa. Tem uma coisa que descobri muito importante: é que, quando a gente faz uma mala para algum lugar, a gente leva o que escolheu levar e, também, o que nem escolheu levar. Calma, vou explicar! Um dia na Vila, quando eu tava metido com as crianças, na rádio (na vila tem uma rádio, dessas que a gente grava uns programas pra outras pessoas ouvirem onde estiverem). Daí, um dia, elas tiveram uma ideia:

– Ernesto, vamos entrevistar você na rádio! Que tal?

Eu disse:

– Legal! – Aí elas começaram a fazer um bocado de perguntas: "Pra que time você torce? Você tem bichos de estimação? Você fica triste quando precisa se desfazer de uma roupa velha? Fazer tatuagem dói?" Várias perguntas. Perguntas relativamente fáceis de responder. Mas, de repente, elas perguntaram uma coisa:

– Ernesto, você tem medo de quê? – Eu fiquei pensando, que diacho de pergunta... pergunta de pesquisador mesmo, né? E me dei conta que a gente fica adulto e nem pensa mais sobre os medos que tem, caramba! Ora, mas que pergunta difícil, dava até pra fazer um mestrado com ela... Dei uma resposta meio desengonçada e escapei, ufa! Foi aí que descobri: na minha mala eu levava medo, daí escondi ele bem no fundo, pra nem lembrar que tinha. A gente cresce e faz essas coisas.

Na pesquisa em campo, tentei aprender junto com as crianças, me meti nas atividades, aprendi brincadeiras novas, aprendi tirar leite de vaca, aprendi que tem a folha de uma árvore que se chama lixadeira e que lixa de verdade um pedaço de madeira. Aprendi um monte de história sobre Goiás, aprendi a fazer rabiola de pipa. Aprendi que Sacy nasce no bambuzal. Aprendi que o Axé é coisa séria. Aprendi que os Orixás são entidades relacionadas aos quatro elementos da Natureza (água, terra, fogo e ar), ou mais ou menos, já que as crianças não conseguiram chegar a um consenso sobre se o fogo era, ou não, elemento da natureza, já que a gente pode fazer ele. Minha mala voltou cheia! Tentando encontrar as respostas da pesquisa, fui também descobrindo que, talvez, as respostas fossem outras perguntas. "Seria um tipo de charada?", pensei.

Será que é coisa do Sacy?, como dizem na Vila... O Sacy é uma criaturinha muito travessa, que tira as coisas do lugar, faz redemoinho pra mexer no juízo da gente... Mas eu já tava havia dias lá na Vila, que é um lugar cheio de Sacys, as crianças me contavam várias histórias, os adultos também. Já tava gostando tanto do Sacy... Na Vila, descobri que o Sacy tira tudo de lugar, às vezes, pra lembrar a gente de quem a gente é. Não é possível que ele tivesse feito travessura com as respostas que eu tava procurando... Ainda não sei se foi o Sacy, ou não, mas um monte de pergunta foi aparecendo no caminho, resposta, que é bom, NADA.

Já tinha passado muitos dias na Vila, exatamente 26, tava na hora de começar a escrever o resultado da pesquisa, isso na academia tem um nome: se chama dissertação. Tinha feito todas as anotações possíveis no caderninho, que chama diário de campo, tinha até gravado umas coisas em áudio, porque a Vila é um lugar tão cheio de coisa acontecendo, que às vezes era impossível anotar, aí eu ligava o gravador. Daí peguei todas as coisas que tinha anotado, gravado, ouvi, li, ouvi e li de novo, reescrevi...

Teve uma vez que, eu lembrava de uma coisa que eu tinha gravado, que era muito importante mesmo, era a tradução de uma música em yorubá que cantam na Vila, uma música que mostrava como a gente é feito de outras gentes. Muito interessante, o yorubá é uma língua muito importante para alguns povos africanos e carrega uma memória muito bonita, ancestral, de resistência e luta. Daí procurei a tradução em todos os áudios, transcrevi tudo (transcrever é quando a gente faz o inverso do que a gente faz com os livros, que a gente lê o que tá escrito. Transcrever é escrever o que a gente escuta do mesmo jeitinho). Mas não achei a tradução em lugar nenhum. Pensei: "Isso é coisa de Sacy!", achei que tinha perdido pra sempre, mas aí, quando eu já tinha desistido, o Sacy me devolveu. Que alívio.

Bom, comecei a colocar todas aquelas coisas que eu tinha visto e vivido na Vila no papel, separei umas coisas, como a gente aprende a fazer na academia, que se chamam "categorias analíticas", que são, basicamente, coisas que chamam mais a nossa atenção, pra gente olhar para elas com mais curiosidade e cuidado do que para qualquer outra coisa. Das coisas que eu vi na Vila, as categorias analíticas que eu separei para olhar foram: comunalidade e partilha; brincadeira infantil, identidade e estética racial; gênero e sexualidade; memória e religiosidade. Coisas que eu achei que me ajudariam a encontrar alguma resposta. Então fui procurar se algum jeito de olhar para aquelas coisas todas me ajudaria a enxergar a resposta, tipo como uns óculos mesmo. Peguei na mala uns óculos, que na academia se chamam teorias, tem de vários jeitos, teorias psicanalíticas, sócio-históricas, umas mais gordas outras mais magras, a maioria desses óculos são europeus. Eu tinha eles guardados já há um tempo, que ganhei da psicologia, e fui experimentando: bem, talvez esse aqui me ajude um pouco a enxergar...Não! Nossa. Talvez esse, acho que tá meio velho. Esse: Hum...Mas não é possível.

Olhei pra mala e pensei, nossa até desconfiava que tinha tantos jeitos de pensar, inclusive estava esperando que eles me ajudassem a encontrar a resposta. Daí me dei conta que a gente carrega uns jeitos de pensar e nem sabe o quanto eles são grandes, destrambelhados, ocupam muito espaço na mala. Achei um pouco engraçado e um tico preocupante.

Bom, deve ter alguns óculos, com alguém, em algum lugar. Procurei óculos de teóricos negros, teóricos africanos, latinos, não brancos, decoloniais que me ajudassem a ver de outro jeito. Decolonial é um jeito diferente de pensar as coisas, é tipo quando todo mundo tá brincando de pega e correndo para o mesmo lugar pra se salvar, e você descobre um outro caminho, bem diferente, pra chegar até o pique, mais perto do lugar que você tá, ou quando a gente faz sempre a mesma coisa e descobre que pode fazer diferente.

Pois bem, peguei emprestados uns óculos com um monte de gente, muitos decoloniais, bonitos e tal. Foi meio difícil encontrar esses óculos, fiquei me perguntando por que eles não estão por aí na academia, como tantos outros que a gente ganha aos montes. Eita, outra pergunta! Alguns me ajudaram a olhar para as vivências etnográficas na Vila de um jeito melhor, mais confortável, e eu conseguia ver outros sentidos. Parecia mais divertido olhar com outros óculos. Alguns óculos novos até combinaram bem com uns antigos que tinha na mala, outros não.

Depois de me divertir na Vila, e escrevendo a dissertação com tantos óculos diferentes, descobri que a resposta levava a mais perguntas mesmo, não era coisa de Sacy. As perguntas que ficaram no final das contas foram mais ou menos assim: "Como produzir óculos que nos ajudem a ver outros mundos possíveis, que ajudem a gente a ver as pessoas e os múltiplos jeitos de existir como eles são?" "Como produzir óculos que amplifiquem nossa visão?" "E como a psicologia pode contribuir com essa produção?"

INTRODUÇÃO

Penso que as produções que escolhemos fazer, sejam acadêmicas ou artísticas, estão sempre relacionadas aos processos pessoais muito caros para quem se propõe a criar. Este trabalho situa-se, centralmente, em duas dimensões caras para mim: a da infância e das questões étnico-raciais. Além desses aspectos centrais, o texto flerta com a militância e denuncia o tempo político em que foi feito. A infância apareceu cedo no meu percurso profissional, que foi traçado por muitas infâncias, em espaços educacionais e espaços jurídicos, sempre dialogando com as instituições e as possibilidades dos processos particulares das crianças inseridas nesses espaços. As relações étnico-raciais despontaram no convívio com a diversidade e nos espaços institucionais de trabalho, onde fiz, por exemplo, atendimento como psicólogo, em modalidade grupo, na Defensoria Pública do Distrito Federal, com as vítimas de violência racial que chegavam pelo Disque 100[2].

Toda existência pressupõe escolha, muitas vezes consciente ou não, deliberada ou não. Chamo de escolha o que talvez possa ser melhor traduzido como posicionamento. Para este trabalho sinto a necessidade de explicar um pouco as escolhas que fiz na escrita: parto do pressuposto de que toda escolha é política, não há parcialidade, mas intencionalidade crítica, desejo e sujeitamento – e este trabalho estará permeado desses elementos. A perspectiva etnográfica, recurso metodológico próprio da antropologia (Peirano, 2014), escolhida como meu caminho investigativo, já anuncia um pouco do que este trabalho apresentará. Geertz (2001) enfatiza que a etnografia, diferente de testar hipóteses, propõe ao pesquisador ser desestabilizado pelo campo. Arrisquei a me desestabilizar e a desestabilizar as concepções teóricas que carrego, e, portanto, este trabalho também se propõe a repensar ou questionar alguns modelos teóricos ditos universais, e algumas posições acadêmicas. Vocês vão encontrar no texto, além deste tom de diálogo, um exercício de mudança de lente teórica para a leitura da realidade apresentada. A professora Rita Segato auxilia-nos a entender a dimensão das perspectivas universais de mundo:

> [...] o mundo moderno é o mundo do Um, e todas as formas de alteridade com relação ao padrão universal representado por este Um constituem um problema. A própria disciplina antropológica é prova disso, pois nasce ao abrigo da convicção

---

[2] Programa do governo federal de denúncia e combate às violações de direitos humanos.

> moderna de que os outros têm que ser explicados, traduzidos, equiparados, processados pela operação racional que os incorpora à grade universal. O que não pode ser reduzido a ela, permanece como sobra e não tem peso de realidade, não é ontologicamente pleno, é descarte incompleto e irrelevante (Segato, 2014, p. 21).

A pesquisa que deu origem a este livro foi feita essencialmente com as crianças do Espaço Cultural Vila Esperança, localizado na cidade de Goiás, GO, e que tive a oportunidade de conhecer, um ano antes de ingressar no mestrado, por ocasião de uma pesquisa para a Unesco em parceria com o Ministério da Cultura. A Vila Esperança é um espaço que existe desde 1994, carrega em sua história o desejo de uma sociedade justa e igualitária, e surgiu com o apoio de Dom Tomás Balduíno, bispo da Teologia da Libertação, que em 1998 tornou-se bispo-emérito de Goiás. A Vila, como afirma Robson Max, um dos fundadores do espaço, é "lugar de resistência amorosa". Desde o seu início até os tempos de hoje a Vila cresceu, e, seis anos após sua fundação, foi criada a Escola Pluricultural Odé Kayodê (EPOK), como parte integrante do espaço, que atende crianças da educação infantil ao 5.º ano. Hoje a escola tem 41 crianças matriculadas, entretanto, o espaço da Vila, além da escola, atende um público grande, em várias atividades e vivências propostas.

Durante o texto, a dimensão infantil e os olhares das crianças irão se revelando e dialogando com as propostas teóricas apresentadas. Entendo que a pesquisa com crianças parte do pressuposto de vivenciar junto com elas, de brincar com a teoria, sentir os joelhos ralados com os escorregões acadêmicos, entender a necessidade de rir dos erros adultos. Sem isso não é possível olhar para a criança, muito além de objeto de pesquisa, como sujeito ativo que constrói sua própria realidade. Pensar a necessidade de vivenciar o processo lembra-me o verso de Fernando Pessoa: "Navegar é preciso; viver não é preciso". A pesquisa etnográfica, ou mesmo uma observação participante que se propõe com crianças, tem um pouco da imprecisão do viver, prescinde de instrumentos náuticos de grande precisão (mesmo estes não nos salvam das tempestades). Ou apostamos na ética, no saber do outro e na verdade que pode não ser a nossa, ou a pesquisa etnográfica não é possível.

Além da escolha etnográfica, o texto é guiado pela perspectiva decolonial, proposta que busca sistematizar conceitos e categorias interpretativas da realidade a partir das experiências da América Latina, afastando-se da dominação colonial na produção de saberes (Bernardino-Costa & Grosfoguel,

2016), conteúdo que abordaremos mais no Capítulo 1. Durante a imersão bibliográfica, foi possível entrar em contato com leituras decoloniais que me auxiliaram a formular uma crítica teórica ao próprio processo de escrita, e a pensar além dos construtos acadêmicos e de produção do conhecimento, emprestando-me outras lentes de leitura de mundo. Entretanto, encontrar bibliografias específicas na perspectiva decolonial que tratassem do desenvolvimento humano, em especial o infantil e escolar, foi um desafio que rendeu poucos frutos.

Para explicar melhor o que pode ser encontrado nas próximas páginas, eu diria que esta produção pode ser classificada como um trabalho vândalo. Zimerman (2012, p. 239) explica que os Vândalos eram "bárbaros", de origem germânica, e que o termo hoje "designa aquele que danifica monumentos ou objetos de valor cultural, histórico, científico". A relação do nome "Vândalo" com "vandalismo" acontece graças à invasão de Roma em 455, quando os Vândalos atacaram a cidade por duas semanas, destruindo principalmente obras de artes, muitas delas frutos dos saques de romanos a Jerusalém e Grécia (Enne, 2013, p. 189). A acepção atual de vândalo, no sentido de "depredador", provém do adjetivo francês *vandalisme*, cunhado em 1794 pelo bispo republicano Grégoire, a fim de criticar os depredadores de tesouros religiosos.

Entretanto, a pesquisadora Enne (2013, p. 191) explicita que a riqueza cultural daquele povo é desconhecida, "porque a história que nos chega não foi escrita por eles". Para a autora, o significado fixado no imaginário social para "vândalo", relacionado a quem quebra e destrói, renuncia os múltiplos sentidos semânticos que não cabem em uma definição simplificadora. Mais ainda, esconde a dimensão de um povo que foi silenciado na história, "que não tiveram sua cultura registrada e reconhecida, que são traduzidos pela hegemonia com a perversão do sentido único, fetichizados pelo olhar colonizador em um misto de desejo e repulsa" (Enne, 2013, p. 191).

Portanto, adjetivo este trabalho desta forma, entendendo o vandalismo como um ataque anticolonial necessário às normativas produções culturais, a um modelo de mundo que se pretende hegemônico, como foi Roma. Seguindo este propósito vândalo, fiz a escolha política de não citar no referencial bibliográfico, ao final do trabalho, os teóricos europeus, em especial do desenvolvimento, mais conhecidos pela psicologia. Essa escolha é uma "ação direta" para evidenciar o quanto esses teóricos estão acessíveis e disponíveis para as produções científicas que se propõem. Entretanto, eles estarão presentes no decorrer do texto, apenas com a citação do ano de publicação. Deixo nos referenciais bibliográficos autoras/es menos conhecidas/os, teóricas/os negras e negros, e outros que são invisibilizados ou pouco considerados nos estudos acadêmicos, em especial na psicologia.

O que impulsiona este trabalho é o fato de que as várias identidades étnicas e subjetivas da infância, pouco referenciadas no assujeitamento social (Fanon, 2008), nas especificidades históricas e nas práticas pedagógicas, nos convocam a ampliar esta discussão, considerando os afetos correlatos na constituição dos sujeitos. Portanto, tento aqui compreender, na perspectiva crítica à colonialidade da educação brasileira, como as práticas e discursos para e das crianças participam de sua constituição psíquica, corporal, identitária. A partir da pesquisa etnográfica na Escola Pluricultural Odé Kayodê, o livro debate sobre educação não hegemônica, equidade racial e étnica, na tentativa de discorrer como o modelo de prática assumido por esta escola atua na constituição subjetiva e identitária das crianças. Considerando as peculiaridades do sujeito em constituição, o impacto cultural e identitário das práticas escolares, os processos históricos da infância e das instituições de educação no Brasil e os reflexos pós-coloniais, é fundamental que aconteçam estudos e pesquisas nesta área, para gestar e/ou visibilizar novas práticas para a Infância e a Educação. Este trabalho se propõe a caminhar nessa direção.

O texto divide-se em cinco capítulos, da seguinte forma: Capítulo 1, "Caminhos teóricos e contextos", com dois subtítulos: o primeiro, **De que criança e de que ética partimos**, sobre os pressupostos que considero nesta escrita, algumas posições teóricas que balizaram a discussão, e, como dito, de onde parto; e, o segundo, **Pesquisa etnográfica em psicologia**, apresenta aspectos metodológicos sobre o trabalho etnográfico, trazendo debates relevantes sobre esta articulação e as possibilidades para o/a pesquisador/a na psicologia, em especial no aspecto do desenvolvimento. Assim como o caminho metodológico desta pesquisa.

O Capítulo 2, "Campo é lugar", situa a/o leitora/or no *locus* de investigação, fundamental para compreender as dinâmicas estabelecidas e as discussões subsequentes. Este capítulo está dividido didaticamente em outros dois subtítulos: o primeiro faz um apanhado histórico breve da história de Goiás e da Vila Esperança; o segundo aborda os locais onde a pesquisa aconteceu, na descrição de três espaços físicos importantes para o desenvolvimento das atividades da Escola Pluricultural Odé Kayodê.

"Relato etnográfico: quem conta um conto..." é o Capítulo 3 e o mais longo, traz os relatos da investigação de campo, articulada teoricamente com alguns debates sobre os temas. Esse relato etnográfico é apresentado em formato de contos, que retratam vários aspectos observados em campo: comunalidade e partilha; brincadeira infantil, identidade e estética racial; gênero e sexualidade; memória e religiosidade. O Capítulo 4, "Outras histórias. 'Apesar de você, amanhã há de ser outro dia..."', trata do momento político atual e dos debates em torno de direitos e educação no Brasil, citando as ações de resistência feitas pelas ocupações das escolas e universidades no DF, em 2016, articuladas com os debates que permeiam todos os contos apresentados no Capítulo 3. Por fim, o Capítulo 5, "Afetações", que junta um *tiquim* do que tem em cada capítulo para alimentar as caraminholas das nossas cabeças, e lembrar que os debates apresentados ainda têm muito chão pela frente.

CAPÍTULO 1

CAMINHOS TEÓRICOS E CONTEXTOS

De que criança e de que ética partimos

Como dito na apresentação deste escrito, toda leitura da realidade exige uma lente. Enxergamos sempre através de alguma coisa, e neste caso, através de um conjunto de concepções teóricas que nos formam de alguma maneira, nos fazem bordas empíricas para o mundo. Este trabalho se propõe a brincar (talvez só um trabalho com crianças possa se propor a brincadeiras) com as lentes que temos, e a buscar outras referências teóricas de leitura de mundo, pouco usadas pela psicologia. Nesse movimento de partida, também é importante mostrar o que deixamos para trás (deixar para trás não necessariamente é abandonar). Para discorrer sobre a realidade observada, compreenderemos as vivências e atividades do Espaço Vila Esperança como ações que caminham na contramão da perspectiva educacional hegemônica, pautada por uma perspectiva eurocentrada da educação tradicional brasileira. Aqui, portanto, parto do entendimento de que a educação brasileira é forjada em parâmetros eurocêntricos e hegemônicos, ligada aos interesses capitais de manutenção de *status quo*, organizada em um modelo funcionalista.

Para explicar essa afirmativa vamos passear um pouco pelo processo histórico de atendimento educacional institucional no País. Os espaços de atendimento às crianças começam a ser pensados pela esfera pública, de forma tímida e emergencial, no final do século XIX. Entretanto, a primeira legislação na história brasileira que pauta a questão da infância surgiu no Brasil Império, apresentada pela Lei do Ventre Livre (1871), que "Declara de condição livre os filhos de mulher escrava que nascerem desde a data desta lei, libertos os escravos da Nação e outros, e providencia sobre a criação e tratamento *daquelles* filhos menores e sobre a libertação *annual* de escravos" (Lei n.º 2.040, 1871).

Após a criação da Lei do Ventre Livre, e especialmente após a abolição da escravatura, em 1888, o número de crianças abandonadas cresceu substancialmente à medida que a população negra começou a sair dos espaços de escravidão, transitando socialmente como "libertos". No ano de 1896, conventos e mosteiros foram transformados em "Casas dos Expostos", as antigas Santas Casas de Misericórdia. "Expostos" era o título dado às crianças deixadas nas rodas[3] instaladas nas entradas dessas instituições.

Em 1940 houve a criação do Departamento Nacional da Criança, como um órgão do Ministério da Educação e Saúde. Dessa forma a infância passa a ser tratada pelo Estado como uma questão de saúde, ao lado de educação, previdência e assistência, permanecendo assim até meados da década de 1960. Paralelo a isso, já existiam jardins de infância, destinados à elite brasileira. Posteriormente, especialmente no período do Golpe Militar, as modificações no Código de Menores (Lei n.º 6.697, 1979) ampararam a criação das Fundações Estaduais para o Bem-Estar do Menor (FEBEMs), instituições geridas pela Polícia Militar que recebiam crianças e adolescentes em situação criminal, além de crianças cujas mães ou famílias não poderiam cuidar delas em tempo integral. A pesquisadora Vieira (1986) relata que, até 1960, o atendimento às crianças pequenas estava restrito à esfera médica e higienista. Mesmo nos espaços de creche, o Estado não produzia planos ou programas. Ou seja, não dimensionava custos, metas ou ampliação do atendimento, respondendo unicamente a demandas isoladas. Sob orientação médica e higienista, o Departamento Nacional da Criança procurava evitar que as creches se transformassem em mais focos de doença e morte infantil.

A Constituição Federal de 1988 trouxe grandes mudanças no que diz respeito à garantia de direitos e iniciou um processo de transformações profundas nas futuras legislações para a Educação. Em 1990, com a promulgação do Estatuto da Criança e do Adolescente (ECA), a infância começa a ocupar o lugar social de garantia de direitos e cuidados, a partir da Doutrina da Proteção Integral. Todo esse percurso evidencia uma crescente atenção ao atendimento escolar e à infância. Entretanto, algumas garantias direcionadas à identidade das crianças indígenas, negras e ciganas se perderam neste caminho, referenciado em uma "criança universal" e em um modelo colonial permanente de Estado, afastando-se das peculiaridades das infâncias existentes no Brasil.

Considerando toda a complexidade das questões raciais e históricas, e do lugar do Estado na ratificação de conceitos e estigmas, Segato (2014, p.

---

[3] As rodas eram cilindros rotatórios, usados em mosteiros como meio de se enviar objetos, alimentos e mensagens aos seus residentes. Rodava-se o cilindro e o que fosse depositado iria para o interior da casa, sem que os internos vissem quem o deixara. A finalidade era evitar o contato dos religiosos enclausurados com o mundo exterior, garantindo-lhes a vida contemplativa. No Brasil, transformou-se uma prática para a "entrega" de crianças "não desejadas". Utilizavam a roda dos mosteiros para nela depositarem o bebê.

81) auxilia-nos na compreensão de que o formato de legislação do Estado brasileiro, como ente colonial, se organiza no sentido de garantir direitos após ter, por meio da legitimidade da violência que possui, atacado os mesmos grupos para os quais constrói as legislações ditas protetivas. Ou seja, age na desqualificação das tramas comunitárias e na criminalização da força desses grupos para, posteriormente, "acolhê-los" em "teu seio" como "mãe gentil".

Em seu artigo "Gênero e colonialidade", a autora resume este movimento explicitando que o Estado "entrega [com] uma mão aquilo que já retirou com a outra: cria uma lei que defende as mulheres da violência à qual estão expostas porque esse mesmo Estado já destruiu as instituições e o tecido comunitário que as protegia" (Segato, 2012, p. 10). Podemos fazer uma analogia, aqui, com os demais grupos subalternizados e afirmar que o Estado promove a segregação e violência racial e, posteriormente, constrói legislações que tentam proteger aqueles grupos da violência que ele mesmo dissemina. Entretanto, gostaria de pontuar aqui que essas leis são fundamentais para a afirmação e o fortalecimento da garantia de direitos, e para a luta contra a discriminação racial. Mas que elas, propostas e geridas pelo Estado, vêm com as marcas dos limites coloniais que este imprime junto com seu carimbo, e quanto mais distantes das discussões comunitárias, menos eficazes e mais frágeis são estas legislações de garantia de direitos das minorias, até mesmo da infância.

Assim como as demais organizações estatais, incluindo a esfera legal, a escola é um espaço colonial que herdamos e que se pauta pela estética branca e hegemônica. Podemos notar, nos espaços educacionais, que a ornamentação feita, em especial para educação de crianças pequenas, se refere a personagens comerciais com marcação de gênero muito explícita, e pouco, ou nada, de forma qualificadora à cultura negra ou indígena, pois geralmente estão ligados a desenhos animados comerciais.

A pesquisadora Susana da Cunha, em sua tese de doutoramento *Educação e cultura visual: uma trama entre imagens e infância*, relata o quanto os espaços educacionais estão permeados de imagens que reproduzem e ratificam os lugares do feminino e do masculino, das classes e das distintas cores da pele. Ela explicita que "os discursos visuais contemporâneos instauram conhecimentos sobre o mundo: as 'verdades', os valores éticos, estéticos, as formas de agir e de ser, os modos de relações com os outros" (Cunha, 2005, p. 27). A pesquisadora Trinidad, em seu trabalho de doutorado *Identificação étnico-racial na voz de crianças em espaços de educação infantil*, constatou, de forma quase geral, a insatisfação das crianças negras com suas características, além de uma desqualificação dos estereótipos de negritude também por parte de crianças brancas.

Ela observou que "o caráter positivo da cor/raça branca vigorava entre as crianças brancas e era por elas salientado e reproduzido. Em algumas poucas situações, foram presenciadas falas de crianças empregando o termo preto ou outros adjetivos relativos às características físicas para ofender" (Trinidad, 2011, p. 153). Frantz Fanon relata como os jogos nas instituições para crianças e as revistas ilustradas, como, por exemplo, as "histórias de Tarzan, dos exploradores de doze anos, de Mickey e todos os jornais ilustrados" (Fanon, 2008, p. 130), são feitos por brancos e destinados às crianças brancas. O autor ressalta ainda que, nos mesmos periódicos ilustrados, o Lobo, o Diabo, o Gênio do Mal, o Mal, o Selvagem, as ameaças são sempre representados por um negro ou um indígena (Fanon, 2008, p. 131).

Esses pontos evidenciam que, a despeito do desenvolvimento das legislações, as questões referentes às violências raciais, resultado de uma escola feita para brancos e por brancos, se mantêm. Na direção de enfrentamento dessas violências, as pressões sociais resultaram na criação de leis tais como a Lei n.º 10.639 (2003), que estabelece a obrigatoriedade do ensino da história e cultura afro-brasileiras e africanas nas escolas públicas e privadas de ensino fundamental e médio. A lei faz parte de um conjunto de dispositivos legais para a promoção de uma política educacional voltada para a afirmação da diversidade cultural, e da educação para as relações étnico-raciais nas escolas, desencadeada a partir dos anos 2000. Nesse mesmo contexto foi aprovado, em 2009, o Plano Nacional de Implementação das Diretrizes Curriculares Nacionais para a Educação das Relações Étnico-Raciais e para o Ensino de História e Cultura Afro-Brasileira e Africana (Brasil, 2009). A criação desses dispositivos denuncia a forma como parte da história do nosso país é silenciada e invisibilizada, reiterando este horizonte de uma educação eurocentrada, que pauta o conhecimento a partir da ordem hegemônica do discurso.

Compreendo, portanto, que a realidade e as demandas sociais pressionam a produção de aparatos legais, porém esses decretos legais não têm o poder mágico de instituir outra realidade, são apenas um caminho de legitimação de lutas por direitos. Neste caso, pautando a necessidade da visibilidade da história negra como enfrentamento das múltiplas violências raciais, que têm uma raiz profunda, desde o genocídio do povo negro à contínua e atual invisibilização ou objetificação da negritude e da cultura africana.

O projeto de Estado em vigor atualmente está pautado na colonialidade dos sujeitos sociais, no qual algumas identidades raciais são mais possibilitadas e legitimadas que outras, sendo estas as identidades que se organizam e se reiteram pelo pensamento e pela estética europeia. As demais identidades, podemos chamá-las de subalternizadas, termo utilizado especialmente por Spivak (2010) em seus escritos críticos sobre a colonialidade. Essas identidades são silenciadas e violentadas no intuito de construir uma sociedade homogênea, produtiva, branca e heterossexual. Para exemplificar esse movimento podemos citar algumas situações e contextos nacionais de extermínio de parte de povos indígenas, existente até hoje, e o genocídio da população negra. Esse extermínio está apresentado no Mapa da Violência 2016 (Waiselfisz, 2016), que, a despeito das várias políticas públicas, entre elas as ações afirmativas como as cotas raciais[4], mostra que a violência contra a população negra tem aumentado.

O Mapa da Violência traz dados de que a morte por arma de fogo, comparativamente, entre negros e brancos "em 2003, era de 71,7% (morrem, proporcionalmente, 71,7% mais negros que brancos), pula para 158,9%, em 2014" (Waiselfisz, 2016, p. 60). De outro lado, o Relatório do Conselho Indigenista Missionário (CIMI) indica que houve um aumento crítico da violência praticada contra os povos indígenas no Brasil em 2014, especialmente em relação aos assassinatos, suicídios, mortes por desassistência à saúde e mortalidade na infância. Em 2014, foram registrados 138 assassinatos de indígenas, contra 97 ocorridos em 2013. O estudo do Unicef (2010) *Impacto do Racismo na Infância* mostra que 56% das crianças pobres são negras, enquanto entre as crianças brancas a pobreza atinge 32,9%. Esses dados ajudam a compreender que a colonização do país, a exploração da terra, e a manutenção da pobreza não são coisas só de 1500, é um processo contínuo e atual, e faz parte desse projeto de Estado-Nação[5] eliminar grupos específicos que não se organizam em torno da ótica branca e hegemônica.

O teórico Achille Mbembe (2014, p. 64-70), em seu livro sobre o pensamento racial na Europa, resgata o conceito de Negro e de homem-mercadoria enfatizando que, enquanto construção social, "negro" é um conceito

---

[4] As cotas são parte de um conjunto de ações afirmativas englobando políticas públicas que visam à garantia de direitos historicamente negados a grupos minoritários, como negros, indígenas e pessoas com deficiência.

[5] Anibal Quijano (2005) explica que o Estado-Nação, como uma estrutura da modernidade, consiste na atuação das instituições de autoridade pública, e de seus específicos mecanismos de violência, em todo o âmbito da existência social vinculado ao Estado, e, por isso, é explicitamente político. Fruto de uma democratização que respeitou os limites do capitalismo, sendo assim, uma estrutura de poder, do mesmo modo que é produto do poder.

que designa a imagem de uma "infravida". Para ele, a definição de negro é uma categoria que se confunde com os conceitos de escravo e de raça, e esta invisibilidade é parte essencial do racismo, que, além de negar a humanidade do outro, se desenvolve como modelo legitimador da opressão e da exploração. Sendo o exercício máximo do biopoder, o racismo representa a escolha de quem deve ser eliminado, numa morte que pode ser tanto física quanto política ou simbólica. Com essa perspectiva, é possível compreender que, a despeito da moderna legislação que possuímos, dos atuais debates sobre racismo e discriminação que transversalizaram algumas políticas públicas, as atuais práticas político-pedagógicas, em especial na infância, ainda são permeadas pela lógica racista, reiterando sua dimensão colonial.

Outro ponto relevante do qual partimos é o da perspectiva crítica da "criança universal", uma vez que as discussões sobre infância, em muitos casos e pesquisas, ficam restritas à perspectiva teórica inatista e determinista. Mesmo quando autores/as se propõem a um debate mais situado sócio-historicamente, pouco dialogam com as referências culturais e sociais locais, apartando reflexões fundamentais sobre os atravessamentos raciais, históricos, políticos e simbólicos que também constituem estes sujeitos, e as múltiplas infâncias no Brasil. Da mesma forma, poucas são as produções e pesquisas sobre a escravidão na região do Goiás, ou feitas de forma aprofundada, sendo que a maioria delas começou a aparecer somente após 1970. No processo de escravidão e exploração desta região houve a eliminação de grupos indígenas devido à exploração mineradora da terra e, também, de negras e negros escravizados. É comum encontrar um grande número de quilombos na região central do Brasil, que surgiram, em muitos casos, apoiados por grupos indígenas que conheciam a região. Muitos quilombos eram compostos por negros e indígenas (Silva, 2008).

Quanto à história das crianças no Goiás, a pesquisadora Valdez (2003) relata que havia, ainda, um grande número de crianças consideradas ilegítimas, fruto de relações não oficiais e/ou multiétnicas. A proporção de filhos ilegítimos era bem maior para as mulheres escravizadas, considerando que o matrimônio não era de fato uma possibilidade para elas, ainda que poucas tenham se casado. A autora relata que, apesar do grande número de crianças ilegítimas na região, o número de abandonos era mais baixo, comparado a outras regiões do Brasil, e atribui isso à sociedade da época, majoritariamente composta por indígenas, o que pode ter influenciado as dinâmicas com a infância, posto que eles tinham uma relação de harmonia com as crianças de seu grupo.

Para a realidade brasileira é fundamental destacar que o ideário de "criança universal" se perde na dimensão das pluralidades infantis já assinaladas anteriormente. A produção de políticas públicas em nosso país evidencia, ao menos um pouco, uma outra criança, que escapa do desenho da universalidade infantil, e que a peculiaridade com a qual é tratada pouco está contemplada nos estudos teóricos: falo das crianças das classes populares. Essas crianças são pensadas como "carentes", não apenas no sentido material, mas também cultural e cognitivo, e esse horizonte embasou programas compensatórios direcionados a este público, especificamente.

Essa visão compensatória, segundo Rosemberg (2002), passou a existir no Brasil nas décadas de 70 e 80, sob a influência de organizações internacionais com o intuito de sanar ausências ou falhas, partindo do princípio de que as crianças necessitadas de assistência eram "culturalmente marginalizadas". Essa concepção atingiu o país durante o período de Ditadura Militar, quando encontrou terreno fértil para o ideário da Guerra Fria e da Doutrina de Segurança Nacional (DSN), que incluía o combate à pobreza e a participação da comunidade na implementação de políticas sociais.

As políticas de assistência se organizavam em programas higienistas para educação infantil, que constituíram parte das estratégias preventivas à expansão do "comunismo internacional" (Rosemberg, 2002, p. 9). Tais programas compensatórios visavam suprir uma carência generalizada quanto à saúde (nutrição, higiene) e educação.

Entretanto, retomando brevemente a perspectiva de Estado colonial, podemos avaliar como as famílias e a comunidade são desqualificadas na sua potência de cuidado, sendo equalizadas com uma dimensão burguesa de cuidado, recebendo menos suporte do Estado, que inclusive criminaliza a vida desse grupo e, posteriormente, oferece programas compensatórios que têm como horizonte outro modelo de cultura. Kramer ressalta que as crianças "carentes" eram comparadas às de classe média nas proposições de programas compensatórios educacionais, que tinham como objetivo exatamente "compensar as deficiências do desempenho das primeiras em relação ao padrão escolar das segundas" (Kramer, 2001, p. 33).

Portanto, podemos afirmar, ainda, que esses programas são construídos por parâmetros que se distanciam da realidade e das peculiaridades de grupos diversos, e colocam um modelo de horizonte burguês, branco e hegemônico, numa tentativa de regular as diferentes formas de vida, de pensamento e de cuidado com as crianças em uma visão universal. Mesmo considerando os recentes debates sobre direitos humanos e cotas raciais, percebemos que o modelo compensatório é vigente ainda hoje. Pode ser observado no documento preliminar *Pátria educadora*, quanto à necessidade de trabalhar as capacitações cognitivas das crianças pobres, quando faz um paralelo direto com o modelo de desenvolvimento adequado: "Trata-se de trabalhar no terreno de capacitações precognitivas que faltam a crianças saídas da pobreza mais comumente do que faltam aos filhos da classe média" (Brasil, 2015b, p.13). O mesmo documento reitera o lugar das famílias pobres e negras (em especial das mulheres) como um espaço de risco ao desenvolvimento infantil quando, justificando a necessidade de a escola atuar como disciplinadora, afirma que:

> Num meio social organizado e livre dos extremos da opressão e da desigualdade, lugar para aprender disciplina é em casa. A escola apenas completa o que a família começou. Quando a família não consegue desempenhar esse papel, porém, a escola tem de assumir parte das tarefas da família. É a situação que se multiplica em grande escala no Brasil: nas periferias e nos bairros pobres de nossas cidades, mais da metade das famílias costuma ser conduzida por mãe sozinha, casada ou solteira (Brasil, 2015b, p. 14).

A despeito de todo processo social, histórico, colonizador e político que formou a escola, ela é a instituição que se constitui como espaço/tempo capaz de viabilizar o direito à educação (Pulino, 2016a, p. 21), e tem, ainda, um papel fundante na garantia de outros direitos e da socialização das crianças e suas famílias, na formação do sujeito. As conquistas sociais, representadas pelo reconhecimento da criança como sujeito de direitos, conforme explicitado no percurso das legislações e outras conquistas históricas (principal instrumento para a consolidação do novo paradigma de infância), contrastam com as representações sociais de infância nas instituições de cuidado. Estas últimas são permeadas pela exclusão, já que a infância, a despeito das políticas de proteção integral, não está ilesa às desigualdades sociais, às violências raciais, e à ausência, ou presença, do Estado, enquanto instituição total, reiterando o modelo racista e desigual de sociedade.

Portanto, refletindo sobre as questões brasileiras sobre infâncias e desenvolvimento, a perspectiva de criança universal ganha novas nuances e precisa ser pensada e considerada além de uma lógica de desenvolvimento, que tem como horizonte um modelo burguês de desenvolvimento e uma lógica capitalista de produção. Nesse sentido, quanto à necessidade e ao desejo atual de retificar os modelos de criança universal, outros aspectos podem ser citados, nos quais não me aprofundarei neste trabalho, como, por exemplo, o uso indiscriminado de medicação psiquiátrica para crianças em processo de aprendizagem. Essa prática, aliás, diz muito sobre uma tentativa de homogeneização de comportamento e desenvolvimento, bastante pautado na produtividade dos sujeitos.

Para discutir sobre desenvolvimento e identidade, partindo das vivências do Espaço da Vila Esperança, é fundamental, além de fazer este passeio curto pela história da infância no Brasil e pelas questões raciais em torno dela, discorrer um pouco sobre a história da infância na cidade de Goiás. Não apenas partirei da crítica à concepção universal de criança, mas farei uma leitura histórica territorial da criança no Goiás. A proposta de rever a perspectiva de criança universal convoca-me, também, a rever as concepções teóricas que me constituem enquanto pesquisador, e as pesquisas em psicologia de forma geral.

Neste trabalho partiremos da perspectiva dialética histórico-cultural, entretanto iremos ultrapassá-la, entendendo que as teorias de desenvolvimento, mesmo as que contrapõem a perspectiva determinista e inatista, negando o enfoque quantitativo como única maneira de investigar os processos de desenvolvimento, ainda não são suficientes para a leitura mais aprofundada e crítica de processos e realidades culturais específicos do Brasil. Por essa razão, identifiquei a necessidade de articular uma discussão sobre o espaço escolar e o desenvolvimento infantil no prisma da decolonialidade.

Dussel descreve, em uma perspectiva crítica da colonialidade, os percursos de construção da modernidade, no âmbito cultural, científico, econômico e mercantil, traçando de que forma a modernidade foi "financiada" ou possibilitada pelo colonialismo. Nesse movimento de organizar-se como mundo moderno: "A cultura ocidental, com seu evidente 'ocidentalismo', alocava todas as demais culturas como mais primitivas, como pré-modernas, tradicionais e subdesenvolvidas" (Dussel, 2016, p. 59). O professor Wanderson do Nascimento elucida que, em um patamar temporal, a modernidade teve suas origens entre os séculos XVI e XVIII, em especial em alguns lugares da Europa relacionados a eventos importantes como a Reforma Protestante, o Iluminismo e a Revolução Francesa. Entretanto, em uma esfera sociológica, a modernidade está caracterizada pela constituição desta grande instituição racionalizada chamada Estado-Nação, marcada pela ideia desenvolvimentista, pelo desmembramento da vida social, pela despolitização das questões morais e pela organização de um mundo ordenado, racional, previsível e em constante progresso (Flor do Nascimento, 2009, p. 3-4).

Entendendo que o colonialismo foi o caminho possível e necessário para a organização da modernidade, podemos entender como é impossível ver a ciência moderna de outra forma que não a colonial. A produção que fazemos hoje na nossa academia, ainda que latino-americana, é forjada por conceitos e concepções da ciência moderna. As concepções sócio-históricas organizadas por Vygotsky em seus escritos, e influenciadas pelo pensamento marxista, abrem novos horizontes para pensar os sujeitos além do desenvolvimento orgânico e fisiológico como determinantes de comportamento, e aprendizado. Entretanto, a despeito de sua perspectiva mais ampliada sobre desenvolvimento, podemos analisar, por exemplo, a questão da formação dos conceitos científicos e cotidianos descritos por Vygotsky, que estabelece uma separação entre essas duas formas de conceitos, conferindo superioridade aos primeiros.

Partindo da concepção de que o modelo cientificista se forja no processo da modernidade, e entendendo o quanto o mundo moderno organiza o conhecimento ontologicamente e epistemologicamente, e, por conseguinte, o saber em torno do desenvolvimento humano, podemos afirmar que mesmo as produções críticas, que se pautam por uma leitura dialética e sociológica feita por esses teóricos, não conseguem romper as bordas da modernidade colonial, em especial quando "traduzidas" para a realidade de países pouco, ou nada, referenciados nas produções teóricas e acadêmicas. Trataremos disso mais adiante, nos contos etnográficos do Capítulo 3. Embrenhando pelo debate entre colonialidade, ciência e modernidade, a pesquisadora na área de Educação Fuhr Raad ajuda-nos a compreender a relação entre esses aspectos, elucidando que "na sociedade contemporânea, há uma estreita relação entre o Estado, a tecnologia e a prática científica. É atribuído à ciência o poder de reger e de estabelecer os parâmetros desejáveis, ideologicamente, à vida humana" (Raad, 2013, p.19).

Nas produções científicas sobre as crianças e o desenvolvimento infantil, esses parâmetros, portanto, não seriam distintos. Matias e Pulino, em debate epistemológico sobre o termo "infância" e os caminhos sociais de olhar para as crianças, relatam que, ainda hoje, elas são vistas "como um ser inferior, incompleto, incapaz de fazer escolhas. Inscrevemos a infância sempre no lugar da falta, a criança está sempre em dívida" (Matias & Pulino, 2014, p. 335). O antropólogo Clifford Geertz explicita que a participação das criancas na sociedade não se limita à simples imitação ou à mera reprodução, mas à possibilidade de criação e a participação em todo o processo de transformação, apropriando-se dos códigos do mundo adulto, e construindo ativamente por meio da produção, e de mudanças culturais.

As crianças têm a virtude "de serem explícitas: elas se comprometem de uma forma que a prosa discursiva não assume, pois sempre está disposta a substituir o argumento por uma retórica" (Geertz, 1989, p. 67). Clarice Cohn completa afirmando sobre a capacidade das crianças de atuar nas suas configurações sociais, e não apenas serem reféns do aprendizado. Para ela, "precisamos nos fazer capazes de entender a criança e seu mundo a partir de seu próprio ponto de vista" (Cohn, 2005, p. 8). Portanto, este trabalho compreende as crianças enquanto sujeitos de ação tanto na pesquisa como em seus processos culturais e históricos.

Em síntese, partimos de algumas premissas, que são: a) a compreensão de que o modelo escolar brasileiro é eurocêntrico e colonial, e é interesse do Estado a manutenção deste modelo educacional; b) a concepção teórica de desenvolvimento, que baliza a psicologia e estudos na área de Educação, também é colonial; c) o construto de racialidade revela muitos lugares, e não lugares da pessoa negra; d) o modelo de criança universal, que deve ser pensado de forma crítica, é um modelo de criança branca; e) a criança é sujeito de fala que produz saber e cultura, capaz de reeditar sua própria história. Este trabalho arrisca-se em um campo delicado, de pouca construção teórica e, portanto, fica explícito que iniciar o debate aqui proposto só é possível a partir de uma perspectiva sócio-histórica e dialética. Entretanto, em alguns momentos, iremos além dela, e aí é onde nos aventuramos por outros mares teóricos.

A pesquisa etnográfica em psicologia

Era o meu último dia de campo, quase meia-noite e estávamos, algumas pessoas da Vila, outras da comunidade e eu, na festa de 25 anos da Vila Esperança, o último evento da série de comemorações para celebrar a data. Para mim, o tom de despedida extrapolava o encerramento do campo, a "coleta de dados". Estava com a máquina fotográfica da escola a pedido da professora Micky, pois fiquei encarregado de registrar o evento. Cada clique que registrava no equipamento, olhando pela lente da máquina, fazia meu coração percorrer os mais de 20 dias de vivência, e, na minha cabeça, as questões borbulhavam: como vou falar sobre isto tudo? Como resumir este lugar e estas pessoas a algumas dezenas de páginas? Um mundo tão outro, um mundo tão próprio... o que essas pessoas (humanas ou não[6]) gostariam ou desgostariam que escrevessem sobre elas?

Já no final da festa, a Lucia, ialorixá, e o Robson, babalorixá, ambos dirigentes do espaço, estavam conversando com algumas pessoas que ainda estavam por ali. A professora Micky estava sentada com eles, aproximei-me para devolver a câmera e me despedir. De alguma forma sabia que precisava de um consentimento, de uma autorização para iniciar a escrita e a análise sobre tudo aquilo. Além da dimensão burocrática e legal que a pesquisa exige, via comitês de ética em pesquisa, mesmo depois de tudo aquilo vivido, das autorizações cotidianas de aproximação com as crianças, da construção de confiança, vínculo e afeto com tantas gentes[7], ainda precisava de outra autorização, talvez vinda de outro plano. Mas, no meu agnosticismo quase ateu (naquele momento muito pouco ateu, diga-se de passagem), eu não sabia muito como fazer.

Sentei-me ao lado delas e dele, e lembrei-lhes de que aquele era meu último dia, estava indo embora, dizendo que já havia me despedido das crianças nos dias anteriores. Agradeci o acolhimento, a paciência e a generosidade e expliquei que eu iria enviar para a instituição a versão final escrita do trabalho, mas que, antes, gostaria de enviar a versão prévia para aprovação. Robson, ouvindo atentamente, colocou a cabeça de lado, como se um pensamento pesasse mais de um lado da cabeça, e, olhando para mim, disse: "E se a gente não aprovar o que estiver escrito?" Levei um susto, não pela fala, que soava como uma gostosa brincadeira de charadas, mas porque sabia do risco de escrever versões sobre o que eu vivi que não contemplariam aquele espaço, então respondi: "Bem, se minha orientadora do mestrado pode não aprovar, por que vocês não poderiam?" Ele riu uma risada solta e disse: "Então *tá* certo". Senti a autorização que precisava.

Nesse momento percebi que escreveria para a Vila, para aquelas pessoas, e não para a academia. À medida que iniciei a pesquisa, que fui caminhando na discussão, fazendo análises a partir do que vi e ouvi, mandava o texto para

---

[6] Na minha vivência na Vila, compreendi que os seres presentes naquele lugar, os encantados, são tão reais como as crianças com que conversei. Dessa outra ordem de existência não sei falar, mas sei que preciso considerá-la à minha maneira.

[7] Uso aqui "gentes" no plural para marcar não apenas a quantidade de pessoas com quem tive contato, mas a pluralidade das vivências feitas.

eles por *e-mail*, para que as pessoas tivessem a possibilidade de participar da minha escrita.

Nesse exercício de investigar os processos de constituição das crianças, partindo de uma perspectiva crítica da colonialidade da educação brasileira, na realidade da Vila Esperança, optei pela chave metodológica própria da antropologia: a etnografia. Como proposta inicial de ouvir as crianças, aproximei-me sempre das atividades e momentos com elas, a maioria deles mediados por adultas/os. Mariza Peirano explica que a etnografia é a ideia mãe da antropologia, não havendo, portanto, antropologia sem pesquisa empírica. Para a autora, a empiria, que ela enuncia como eventos, acontecimentos, palavras, cheiros, sabores, tudo que afeta os sentidos, é o material a ser analisado e que não são apenas dados coletados, mas questionamentos, fonte de renovação. Ela encerra resumindo que não são "fatos sociais", mas "fatos etnográficos" (Peirano, 2014, p. 380). Portanto, estar com as crianças foi me imiscuir nos jeitos, nos cheiros e nos sentidos construídos por elas.

Importante ressaltar que fazer pesquisa com crianças possui suas peculiaridades, exigindo do pesquisador uma postura diferente. Ao contrário de um adulto que orienta à criança o que fazer, ou tenta controlar seus comportamentos, Corsaro (2003) sugere a presença de um adulto atípico, um amigo singular, que na interação com a criança terá condições de perceber como ela interpreta o mundo. O autor apresenta uma proposta investigativa com crianças tomando a noção de reprodução interpretativa a partir de elementos como: a linguagem, as rotinas culturais e a natureza reprodutiva das associações de crianças em suas culturas.

Em primeiro lugar, para penetrar no mundo das crianças e aprender sobre suas culturas a partir da perspectiva delas, é necessário abandonar o ponto de vista *adultocêntrico*. Isso exige certo distanciamento da nossa própria forma de pensamento, na qual quem pesquisa precisa se descolar dos seus pré-conceitos, modelos prontos de pensamento, o que não necessariamente implica neutralidade científica, posto que, neste movimento, o/a pesquisador/a propõe-se a se deixar afetar pelo campo, entendendo que o trabalho etnográfico é uma lente pela qual olhamos a realidade (Peirano, 2014).

No Brasil, vários campos teóricos têm tido papéis relevantes na constituição da infância como categoria social. A sociologia trouxe uma reflexão que possibilitou a crítica à ação reprodutora e de controle da escola, e ampliou o conceito de infância presente na pedagogia. Esse processo foi também marcado pela ruptura que se manifestou no âmbito da psicologia.

A releitura da psicanálise, por um lado, e o referencial sócio-histórico, por outro, possibilitam compreender que o sujeito é constituído tanto em relação com o Outro como em contexto social, sendo o protagonista deste processo, ativo e criativo. Com esses novos conhecimentos, iniciou-se um rompimento conceitual importante da visão idealizada, por vezes universal, de infância, com a qual a educação está fortemente envolvida.

A psicóloga e professora Lúcia Pulino auxilia-nos a ampliar esta dimensão de infância e anuncia os aspectos que a pesquisa com criança suscita, pontuando que "o caráter inaugural da infância coloca-nos frente ao outro, que pensa diferente, que fala diferente, que com suas perguntas intermináveis nos rouba de nossas próprias certezas, permite-nos experienciar a alteridade, a mobilização de nossas concepções estáticas" (Matias & Pulino, 2014, p. 336). A antropologia também nos fornece elementos importantes, enfatizando a dimensão da cultura, a necessidade de pesquisar a diversidade, de estranhar o familiar e de compreender o outro em seus próprios termos, ampliando as visões de mundo e compreensão das infâncias (Azevedo, 2006).

José de Souza Martins afirma que "quando o operário fala, é a fala da classe; quando a mulher fala, é a fala do gênero". E, quando esses "informantes do particular" são escutados, "é como se fossem informantes menores, que falam de sua condição específica, como a condição feminina e os 'assuntos de mulher'". Em outras palavras, os "outros" são sujeitos marcados pela falta, o que lhes permitiria trazer à tona, em suas falas ou a partir de suas vidas, parte singular da condição humana que os/as constitui (Martins, 1993 como citado em Lima, 2015, p. 5). Portanto, pensar uma investigação a respeito dos processos infantis nos faz considerar que as crianças são agentes singulares de sua condição e, por isso, precisam ser ouvidas com a seriedade com a qual se escuta qualquer outro grupo, ainda que considerando seus tempos, suas maneiras de dizer-se, seus próprios termos, podendo ser protagonistas na construção da pesquisa que diz respeito a elas.

A etnografia tem sido usada ultimamente como caminho de pesquisa por diferentes áreas e pode-se, a princípio, entender a etnografia como um tipo de pesquisa qualitativa. Goldenberg (2004, p. 55) elucida a abordagem da pesquisa qualitativa, explicitando que esta se opõe a um modelo único de pesquisa para todas as ciências, baseado no modelo de estudo das ciências da natureza. Não existindo regras precisas, nem passos a serem seguidos, o bom resultado da pesquisa depende da sensibilidade, intuição e experiência do pesquisador. Um dos principais problemas a ser enfrentado nos processos de pesquisa diz respeito à possível "contaminação" da análise pela personalidade do pesquisador e de seus valores. A melhor maneira de "controlar" esta interferência é tendo consciência de como sua presença afeta o grupo, e até que ponto este fato pode ser minimizado ou, inclusive, analisado como dado da pesquisa. Ampliando essa perspectiva, Oliveira e Oliveira (1981, p. 27) reafirmam a inserção como condição necessária inicial para que o pesquisador possa atenuar a distância que o separa do grupo social com o qual pretende trabalhar, compreendendo os membros deste grupo como protagonistas, e não objetos de pesquisa. Os autores ressaltam, ainda, que essa aproximação exige paciência e honestidade por parte do pesquisador.

Já a etnografia, conforme diz Peirano (2008), não é apenas um método, mas uma forma de ver e ouvir, uma maneira de interpretar, uma perspectiva analítica, a própria teoria em ação. Talvez essa seja uma distinção complexa e bastante tênue, entretanto. Montoya Uriarte discorre sobre o constante e recente uso da perspectiva etnográfica em diversas ciências, como psicologia e educação. A autora apresenta a importância da etnografia para a antropologia e assume que: "para um antropólogo não significa dizer que ela é 'propriedade' nossa; significa, apenas, afirmar o quanto ela é complexa para nós" (Uriarte, 2012, p. 11). A autora aponta, ainda, a necessidade de se deixar desestabilizar pelo campo, como colocado por Geertz (2001), e para a necessidade de uma formação para o exercício de "mergulhar em campo", concluindo que:

> Fazer etnografia não consiste apenas em "ir a campo", ou "ceder a palavra aos nativos" ou ter um "espírito etnográfico". Fazer etnografia supõe uma vocação de desenraizamento, uma formação para ver o mundo de maneira descentrada, uma preparação teórica para entender o "campo" que queremos pesquisar, um "se jogar de cabeça" no mundo que pretendemos desvendar, um tempo prolongado dialogando com as pessoas que pretendemos entender, um "levar a sério" a sua palavra, um encontrar uma ordem nas coisas e, depois, um colocar as coisas em ordem mediante uma escrita realista, polifônica e intersubjetiva (Uriarte, 2012, p. 11).

É importante pontuar que esse é um debate em voga também considerado no processo de pesquisa aqui apresentado. A proposta de imersão em campo teve como intuito vivenciar com as crianças o cotidiano da escola e da Vila Esperança para, nos diálogos, interações e discursos, conseguir encontrar pistas que nos sinalizassem sobre os processos constitutivos em um espaço tão distinto. Nesse sentido, analisar a realidade observada a partir de um olhar etnográfico alinha-se com a proposta vivencial escolhida, no sentido de que se faz uma apreensão dos significados de um grupo, em especial o grupo de crianças, que nos convoca a trabalhar com uma ciência irregular e plural, como explica Geertz (2001, p. 10). Para esse autor, a etnografia se revela viável e útil para compreender as manifestações infantis, pois é uma prática que permite estabelecer relações, selecionar sujeitos, observar rituais, mapear campos e escrever um diário (Peirano, 2014, p. 7).

A vivência no Espaço da Vila Esperança, que conta, além das 41 crianças matriculadas na EPOK, com um público grande que comparece às atividades e vivências propostas, foi o campo gerador do debate que se segue. Como instrumento, além do diário de campo, onde fazia anotações diárias, recorri à gravação de alguns diálogos ou atividades, sempre que percebia a insuficiência do registro no diário (quando e o que é suficiente, afinal?) para capturar a quantidade de informações, geralmente momentos de falas coletivas e debates entre as crianças em sala de aula, ou eventos. Para preservar as crianças, os nomes delas foram substituídos por outros usados aqui.

Os contos apresentados no Capítulo 3 são relatos da vivência junto às crianças, que durou ao todo 26 dias, divididos em dois momentos diferentes: o primeiro de 28 de julho de 2016 a 18 de agosto de 2016; e o segundo quando retornei para o aniversário de 25 anos da Vila Esperança e permaneci mais quatro dias, de 12 a 15 de outubro de 2016. Os oito contos foram escritos sem respeitar exatamente uma ordem cronológica. Cada um deles, exceto os dois primeiros[8], apresenta uma categoria analítica que foi levantada através da leitura cuidadosa do diário de campo, mapeando os diálogos e anotações do cotidiano que tratassem sobre alguma das categorias analíticas, separadas e posteriormente organizadas em contos.

As transcrições dos áudios foram analisadas posteriormente, sendo utilizadas para auxiliar na análise das categorias, que são: comunalidade e partilha (Ojó Odé); brincadeira infantil (Brincar e remodelar o mundo), identidade e estética racial (Cabelo de Ana); gênero e sexualidade (Coisa de menino, coisa de menina, ou com quantas varetas se faz uma pipa); memória (Coisa de Sacy) e religiosidade ("Por que um Orixá precisa de uma bandeja de

---

[8] Os dois primeiros contos, "Tempo, tempo, tempo, tempo, és um dos deuses mais lindos" e "Pisando com cuidado em terra que não é minha", situam o leitor no processo de chegada em campo, e uma breve problematização do lugar de pesquisador.

doces só pra ele?"). Entretanto, essa não é uma divisão estanque, em muitos momentos estas categorias aparecem misturadas. Para melhor compreensão dos contos, é necessário habituar a/o leitora/or ao *locus* dos acontecimentos, que são geograficamente distribuídos em locais distintos, mas territorialmente ligados e dialogando sempre com a realidade e a história da cidade de Goiás.

CAPÍTULO 2

CAMPO É LUGAR

Lúcia Pulino (2016b), em seu artigo "Lugares de infância: tempo de encontro", discorre brevemente sobre o conceito de "Lugar", pontuando que um espaço, um ambiente, torna-se lugar pela dimensão humana, quando é afetado singularmente pelos sujeitos. As experiências das pessoas com um determinado espaço orientam a construção de significados particulares sobre estes lugares para elas. Nesse sentido, os lugares aqui citados são considerados em seus inúmeros significados (inclusive históricos), alguns possíveis de serem descritos e lidos, outros não.

Um "tiquim" do processo histórico de Goiás

Localizada na região central do Brasil, Goiás esteve povoada por grupos originários há 11 mil anos, no entanto não há dados consistentes sobre os processos sociais desses povos desde aquele período até a invasão europeia no Brasil, nem qual seria a relação dos povos que dominavam a região antes da colonização com os povos existentes até hoje. Antes da chegada dos portugueses, a região era ocupada por indígenas do tronco linguístico Tupi e Macro-jê, sendo este último em maior número. As várias expedições para o centro do território brasileiro no final do século XVII, período intenso de exploração e colonização, foram dificultadas pela vegetação e geografia do território, entretanto o maior impedimento para exploração das minas da região foram as forças indígenas locais. A exploração das jazidas de metais no sertão goiano foi a responsável por inaugurar outra forma de povoamento e ocupação da região dos Goiazes (Boaventura, 2007, p. 53).

Os naturais dessa terra, os Jê, formados pelas tribos dos Akroá, Xacriabá, Xavante, Javaé e Kayapó, eram bastante "hostis", particularmente os últimos, que atuavam nos caminhos abertos pelos brancos que fizeram trilhas de São Paulo para Goiás. Na tentativa de controlar os grupos indígenas existentes, inclusive com a possibilidade de tirar proveito do conhecimento dos povos da mata, os colonos tentavam estratégias de conversão, mas, quando isso não era possível, ações genocidas eram implementadas. Nesse período foram instituídas pelo governador da época, D. Luís de Mascarenhas, as Companhias de Soldados do

Mato, formadas por homens experientes, para a caça de indígenas que "atacavam" as rotas de comércio e tráfico de escravos, que ameaçavam as aldeias onde viviam. Para os árduos trabalhos de mineração do século XVIII, os negros escravizados levados para essa região eram vindos de São Paulo, Minas Gerais, Rio de Janeiro, Bahia, Pernambuco e Piauí. A Capitania de Minas Gerais foi o principal ponto de redistribuição e irradiação dos negros, em condição de escravos, para Mato Grosso e Goiás. Silva (1998) relata que, desde o início do século XVI, os negros eram a maioria da população da região de Goiás, quase todos concentrados nos trabalhos de mineração (Boaventura, 2007, p. 57-60).

Entre as estratégias de resistência escravista perpetradas pelos negros e negras escravizados, havia as fugas que aconteciam individualmente ou em grupos, muitas vezes resultando em organizações coletivas chamadas de quilombos. A formação dos quilombos nessa região era viabilizada em parte pelos "esconderijos naturais do ecossistema dos cerrados e a falta de um número maior de feitores armados nas lavras mais distantes" (Silva, 1998, p. 292). Silva também ressalta que as fugas deram origem a encontros dos negros com os indígenas nas próprias aldeias.

A grande presença de grupos indígenas, que conheciam profundamente a região e as matas, muitas vezes auxiliava a construção e permanência dos quilombos, entretanto, em outras situações, os escravizados eram obrigados a agir contra as tribos indígenas. Talvez pela dificuldade de acesso à região e o apoio de grupos indígenas, há indícios anteriores de que "escravos negros já fugissem do Maranhão, Bahia, Pernambuco, São Paulo e Minas Gerais, percorrendo a 'rota do sertão', com destino ao norte e nordeste de Goiás" (Silva, 1998, p. 287). É nesse contexto de disputa por território para mineração e exploração, perseguição e assassinato de grupos indígenas e crescimento da população negra para o trabalho escravo que começa a surgir o processo de urbanização do que hoje é Goiás Velho.

A cidade de Goiás hoje e a Vila Esperança

Goiás Velho é uma cidade do município do estado de Goiás, reconhecida pela Unesco, em 2001, como Patrimônio Histórico e Cultural Mundial, e sua população estimada, em 2010, era de 24.727 habitantes, de acordo com o IBGE. A cidade de Goiás é notadamente um lugar de muitas histórias, de belos caminhos que carregam, na estética do lugar, desenhos que nos auxiliam a manter viva a história da cidade. A despeito da bela arquitetura, Goiás Velho esconde uma trajetória social violenta e controversa. Ao chegar à cidade, andando pelas ruelas de pedras grandes, colocadas encaixadamente no chão construído, eu olhava discretamente para as casas e suas janelas, que em geral são de madeira, assim como as portas. Às vezes sentia o cheiro que vinha de dentro delas: uma mistura de doce de fruta, lavanda e naftalina, muitas casas tinham cheiros parecidos.

As crianças brincavam na rua, geralmente no fim da tarde, usavam as bicicletas mesmo no piso de pedras, aparentemente impossíveis de pedalar com velocidade. As calçadas eram mais lisas e uniformes, percebi que era uma brincadeira de apostar corrida com as bicicletas, uma criança ia pela rua de pedras e a outra pela calçada, o desafio era conseguir ganhar a corrida pela rua de pedras, como se fosse um grau maior de dificuldade. Os adultos, em especial os mais idosos, costumavam colocar cadeiras do lado de fora das casas, sentavam-se para papear e ver o movimento. Os dias em que passei lá, divididos em dois momentos distintos, estive hospedado em duas casas que ficam muito próximas ao centro histórico e um pouco mais distantes do lugar onde propus a pesquisa, o Espaço Cultural Vila Esperança, a uns 20 minutos de caminhada. No percurso das casas onde estive até a Vila, passava sempre pelas ruelas de calçamento de pedra, pelas casas de arquitetura antiga, observando como crianças e adultos vivenciavam a cidade. No trajeto até a Vila, ia sempre imaginando as histórias que aquelas pedras contariam, as esquinas, as casas, quem havia morado lá e o lugar que o Espaço Vila Esperança ocuparia nessas histórias. Para isso é importante saber um pouco do processo de sua fundação e surgimento. No *site* oficial da Vila encontramos a seguinte descrição:

> A Associação Espaço Cultural Vila Esperança, associação sem fins lucrativos, nascida em 19 de julho de 1994, desenvolve um trabalho educativo, cultural e artístico, direcionado principalmente a crianças, adolescentes, jovens e adultos da comunidade, na valorização das origens (africanas e indígenas) do povo brasileiro. O Espaço Cultural Vila Esperança se localiza na periferia da cidade de Goiás. [...] Volta o seu foco para a necessidade de despertar a população a fim de que se tenha condições de participar ativamente nas mudanças sociais e na conquista da cidadania a partir da Educação, Cultura e da Arte. A questão indígena, africana e afrodescendente impõem-se sempre mais como uma questão histórica. Analisar sua trajetória histórica, seus encontros e confrontos culturais e sua organização social é tão importante quanto explicar a origem do Brasil, suas diversidades e a procura de sua identidade singularmente múltipla (Espaço Cultural Vila Esperança).

Esta Associação é um centro cultural e educacional que se estabeleceu como Projeto Social de iniciativa popular, e sem fins lucrativos. Fundada pelo antropólogo e educador popular Robson Max de Oliveira Souza e pelo terapeuta Pio Campos, ambos ligados à Teologia da Libertação e à Diocese de Goiás, em parceria com o mosteiro da cidade e o Pe. Marcelo Barros, monge diretor na época, começou um trabalho de teatro e alfabetização de adultos com a comunidade, em um bairro periférico do município de Goiás Velho. O trabalho estendeu-se para fora da comunidade religiosa, tomando uma força maior e atendendo ao público da região. Em uma entrevista do Robson à equipe do concurso de Projetos com Participação Infantil 2016, que eu pude acompanhar na Vila, ele trouxe o seguinte relato sobre o trabalho com arte junto a um pequeno grupo de crianças que se aproximou do espaço, apresentando parte do processo de fundação e a percepção da Vila, sobre o percurso histórico e colonial do Goiás:

> A arte empodera a pessoa, faz ela se apoderar de si mesma. E na arte a gente começou a discutir muito a questão do preconceito racial [...] em relação aos negros e, também, indígenas. Por quê? Os bandeirantes. A colonização de Goiás foi, assim, massacrante. Em 40 anos a etnia local não deixou vestígio. Pra você ver o tanto que foi... Uns dizem que o colonizador era forte demais e outros dizem, e eu quero acreditar, que os guerreiros eram muito bravos então eles preferiram lutar até morrer, até ser extinto. Mas eu ficava tocado de ver os traços indígenas nos habitantes locais, nas pessoas, nas mães dos meninos. Aí eu falava assim: "meu deus, você é muito linda, você parece uma índia!" É... Mas era uma ofensa. [...] aí começamos a trabalhar essa questão indígena, uns criticavam "mas nem índio tem!". Outros diziam: "mas nem negro você é". Eu pensava, mas que coisa... Nós percebemos que para as pessoas assumirem a si mesmas, tomarem a rédea da sua vida e buscar uma transformação a partir da sua vida, da sua família, do seu agrupamento familiar e depois uma noção de cidadania, né? De bairro de cidade, de estado, de país, precisava trabalhar a questão de identidade, de imagem, né? Como diz o velho Eduardo Galeano: "a gente foi treinado pra cuspir no próprio espelho, de ver uma imagem da gente mesmo e não se reconhecer nela ou achar que ela não é correta, não é a melhor, não é a que devia. Então essa história tinha que ser mudada a partir daí (transcrição de áudio, 3 de agosto de 2016).

O Espaço Cultural Vila Esperança abriga a Escola Pluricultural Odé Kayodê, que, enquanto experiência de educação, existe há 19 anos e desde 2004 funciona com autorização e reconhecimento do MEC. A escola é comunitária e, apesar de funcionar em parceria com a prefeitura, não pertence à rede pública de ensino. Atende, hoje, crianças da educação infantil (4 e 5 anos) à primeira etapa do ensino fundamental (1.º ao 5.º ano). A proposta de construção da escola surgiu por meio da parceria oferecida a três escolas públicas da cidade de Goiás, em acordo com a Regional de Ensino do Município. A Vila Esperança ofereceu, nessa parceria, seu espaço, além de atividades lúdicas, artísticas e culturais interligadas ao currículo escolar por meio do planejamento feito conjuntamente com as professoras. Essa experiência forneceu subsídios para que fosse pensada a construção da escola de maneira própria, onde as crianças usufruíssem dos projetos já constituídos na Vila, de valorização das culturas indígenas e afro-brasileiras. As soluções arquitetônicas foram compatíveis com os poucos recursos econômicos e aproveitando uma casa recém-adquirida no lote ao lado do terreno da Vila Esperança, anos mais tarde.

Desde o início de sua criação, a Associação busca recursos por meio de editais e parcerias. Há uma relação com parceiros da Itália, pessoas jurídicas, que foram fundamentais desde o início da história da Associação Vila Esperança, e que até o momento da escrita deste trabalho apoiam o projeto. Dentre alguns projetos para angariar fundos, a instituição contou com a premiação do Criança Esperança durante três anos, Prêmio Itaú-Unicef: Educação e Participação (2003), Projeto Palmares de Educação (2009), Prêmio Rodrigo Mello Franco/IPHAN (2011), 6.ª edição do Prêmio Educar para a Igualdade Racial (2012), 1.º lugar no Prêmio Nacional de Projetos com Participação Infantil (2016), dentre outros.

Descrever os espaços da Vila Esperança e da Escola Pluricultural Odé Kayodê não é tarefa fácil. Geograficamente, ocupam uma longa área de vários lotes, alguns interligados, outros não. A escola está organizada em uma casa em um terreno ao lado da Vila, não tem uma passagem por dentro do terreno entre Escola e Vila Esperança, e, para transitar entre uma e outra, é necessário retornar à calçada da rua, portanto são geograficamente dois espaços separados, mas territorialmente juntos e inseparáveis.

No caminho que eu percorria diariamente, vindo pelo centro histórico, na ruela que deixava de ser de pedra e passava para o asfalto já na altura da Vila, primeiro encontrava a escola, com o muro de pedras e o portão azul, e na sequência um pequeno terreno vazio (muitas vezes utilizado como depósito de lixo pela população, especialmente antes da presença da Escola). Seguindo sempre em linha reta, via o muro do espaço da Vila, branco com detalhes em azul, o grande portão de entrada para o bosque de Oxóssi, raramente aberto, e a entrada principal, destinada às pessoas, seguida de um muro por alguns metros até outra entrada, acesso ao centro de capoeira e ao circo, depois uma portinhola menor que também dá acesso à aldeia, espaço de referência indígena com várias casinhas indígenas, como ocas[9]. Mais à frente há uma entrada independente que dá acesso ao terreiro de culto de Ifá, Casa Grande, logo depois o muro da Vila termina. Por último, no terreno ao lado, bem pequeno, é onde fica estacionada a van da Vila Esperança, usada para o transporte das crianças em passeios diversos, sendo comuns as idas à roça, que também é um outro espaço da Vila. Neste mesmo terreno onde fica estacionada a van, tem ainda uma casinha de poucos cômodos, chamada de Casa do Teatro, espaço usado como armazém de figurinos e objetos de teatro.

Importante ressaltar aqui essa dimensão territorial, que diz muito sobre o espaço e a forma como se articula. Para apresentar os espaços que aparecerão nos contos a seguir, vou dividi-los didaticamente em três espaços distintos: A Escola; A Vila; e A Roça. A apresentação do espaço aqui não se propõe a descrever todos os lugares existentes na Vila, mas tenta situar o/a leitor/a dentro da multiplicidade de cenários onde as histórias que serão relatadas acontecem. Apresentar, também, a dimensão estética que o espaço carrega, em especial pelas imagens, que compõem uma arquitetura muito própria, carregada de simbolismo e cuidado.

A Escola

A Escola Pluricultural Odé Kayodê ou EPOK, foi inaugurada em 2002, com a presença de Maria Stella de Azevedo, a ialorixá Iya Odé Kayodê ou Mãe Stella de Oxóssi, que emprestou o seu nome à Escola Pluricultural. O espaço tem uma entrada de pedra, com muros forrados de trepadeiras, que dá acesso a um grande quintal com muitas plantas (Figura 1). É um espaço bastante arborizado em um terreno bastante irregular e pedregoso, característico dessa região do Goiás de forma geral.

---

[9] Este espaço é geralmente usado com as crianças para atividades direcionadas às etnias indígenas e para receber grupos específicos de pessoas que passam alguns dias hospedados na Vila.

Figura 1 – Entrada da EPOK, vista interna

Fonte: arquivo pessoal do pesquisador

Logo na entrada da Escola fica a Praça do Sol (Figura 2), um lugar de chegada, o primeiro espaço com o qual nos deparamos, uma área sem cobertura que faz referência ao dia. Ela fica em frente a um muro coberto por trepadeira, e no chão de cimento e pedra fica uma pintura circular amarela, que segue para um pequeno parapeito da mesma cor, que compõe com pilastras, também pintadas de amarelo, onde, no alto, ficam luminárias. Logo, ao lado da Praça tem a Casa da Lua (Figura 3), uma das construções mais recentes, que funciona como um espaço de apresentações culturais. Um ambiente fechado, com estrutura para pequenas mostras de filmes e apresentações teatrais, possuindo sistema de iluminação e estrutura de coxia.

Figura 2 – Praça do Sol e entrada da Casa da Lua

Fonte: recuperado de www.vilaesperanca.org

Figura 3 – Espaço interno da Casa da Lua na comemoração de 25 anos da Vila

Fonte: recuperado de www.vilaesperanca.org

Adentrando mais os espaços da escola, seguimos numa calçada larga de pedras polidas que nos leva à entrada da casa onde estão as salas de aula. Os grupos são divididos de forma diversa, sendo quatro salas para os seguintes agrupamentos: 1) educação infantil; 2) 1.º ano; 3) 2.º e 3.º anos e 4) 4.º e 5.º anos. As turmas 2.º/3.º anos e 4.º/5.º anos são organizadas, cada par de agrupamento, em uma única classe. As turmas e espaços de convivência estão distribuídos da seguinte forma, de acordo com a ordem de entrada da casa: uma sala separada para o primeiro ano, uma próxima sala, do grupo de 2.º/3.º anos, logo depois uma sala central chamada de Sala Passaredo (Figura 5), um espaço central amplo onde acontecem os momentos iniciais da manhã, chamados de Bom Dia, as conversas coletivas, onde assistem filmes, ouvem a rádio (de programas produzidos pelas próprias crianças na Vila). A Sala Passaredo é um espaço amplo, tem uma TV, e muitas almofadas pequenas que as crianças usam para se sentarem em roda.

A porta de entrada tem, no batente superior, algumas fitas de cetim coloridas penduradas formando uma espécie de cortina. Essa sala tem acesso aberto a uma pequena cozinha estilo americano. Sobre a cozinha há um mezanino de madeira onde funciona uma pequena biblioteca, mas raramente as crianças utilizam esse espaço. Na Sala Passaredo há uma porta que dá acesso para mais uma sala, da turma 4.º/5.º anos. Essa sala e a outra usada para a turma dos 2.º/3.º anos possuem uma ligação interna, com duas portas em cada sala, que dá acesso a um pequeno *hall* compartilhado onde fica um banheiro usado pelas crianças.

Figura 4 – Entrada para a Sala Passaredo

Fonte: arquivo pessoal do pesquisador

Figura 5 – Sala Passaredo

Fonte: recuperado de www.vilaesperanca.org

Passando pela pequena cozinha, há uma porta que leva para um pátio externo, composto de um espaço aberto e uma pequena parte coberta onde ficam mesas, onde é servido o café da manhã e o lanche. Nessa área externa há um parapeito de pedra de um dos lados com vista para o rio Vermelho, e do outro lado uma parede de pedra e plantas com uma escada que dá acesso à última sala, da educação infantil. Ainda nesse pátio, ao fundo, há outra parede de pedra com um murinho de pedra mais baixo, que funciona como banco, e onde algumas crianças costumam ficar na hora do lanche.

Na parte virada para o rio Vermelho, segue um corredor aberto que passa pelos fundos das salas anteriores (Figura 7), com grandes janelas voltadas para ele, e termina em um espaço externo no quintal, próximo à entrada, onde tem um lugar de escovação de dentes, consistindo em uma pequena estrutura coberta, com pias em toda sua lateral, prateleiras de pedra e uma faixa de espelho. Ao lado desse espaço, no quintal da escola, fica um cachorro chamado Pirulito, sempre preso na coleira, num ambiente coberto, mas não fechado, como um canil. Nessa mesma região, mais ao fundo do terreno, um local mais abaixo, de acordo com o desnível do solo, todo em acabamento de pedra, fica uma cozinha mais completa que a cozinha interna da Sala Passaredo, onde é feito o lanche das crianças durante o período da manhã.

Figura 6 – Cozinha interna da Sala Passaredo. Ao fundo, do lado de fora, a mureta de pedras

Fonte: arquivo pessoal do pesquisador

Figura 7 – Corredor aberto com vista para o rio Vermelho

Fonte: arquivo pessoal do pesquisador

A organização do tempo e das atividades, de forma geral, nas manhãs na EPOK, tem horários mais ou menos preestabelecidos: a rotina começa por volta das 7h30 com a hora do Bom Dia, que dura cerca de 40 minutos, depois as crianças seguem para o café da manhã, que dura cerca de 20 minutos, onde são servidos pães, bolos ou biscoito com chá ou chocolate quente, o leite do café da manhã vem da roça da Vila. Depois, as crianças seguem cada qual para seu grupo etário, em sala de aula, onde acontecem algumas atividades pedagógicas. Perto das 10h é servido o lanche, novamente no pátio externo, que dura mais ou menos 25 minutos. Não há um horário específico chamado de intervalo ou recreio.

Depois do lanche as crianças retornam às salas para mais atividades, e a manhã de aula termina perto do meio-dia. Algumas atividades da manhã são feitas no espaço da Vila Esperança, como a dançaterapia, ou a percussão com as crianças mais novas (educação infantil e 1.º ano), ou mesmo a visita à brinquedoteca. Não há uma rigidez com os horários e com as atividades relativas ao dia da semana, mas procura-se manter uma rotina de organização, apesar de flexível. Todas as salas possuem carteiras, com um desenho arquitetônico tal que podem ser montadas de maneira que formem um círculo de mesas, possibilitando que trabalhem em pequenos grupos de até seis crianças. As atividades na Vila Esperança com as crianças mais velhas, especialmente dos 4.º/5.º anos, são feitas geralmente no período da tarde: capoeira, percussão, samba de roda, programas da rádio, maculelê. Durante a tarde, as práticas acontecem sempre no espaço da Vila Esperança, e a Escola não é utilizada.

A Vila

O terreno da Vila Esperança é maior que o da EPOK, ocupando cerca de 100 mil m², organizado em um solo pedregoso e irregular, porém bastante arborizado. A entrada principal da Vila Esperança é ampla, semelhante à da EPOK, e dá acesso a um pequeno pátio aberto onde há, do lado direito de quem entra, alguns vasos de barro e uma pequena cascata em meio a muitas plantas; e, do lado esquerdo, uma exposição de vestimentas típicas da cultura afro, caracterizando os orixás Oxum e Logun Edé, protegida por uma grande vitrine. Logo à frente fica a secretaria, numa pequena casa de portas e janelas grandes, de esquadrias quadriculadas com vidros transparentes.

Figura 8 – Entrada do Espaço da Vila

Fonte: arquivo pessoal do pesquisador

Ao lado da secretaria, à direita, tem uma pequena grade de metal que dá acesso a uma espécie de residência comunitária, espaço mais reservado onde funcionam sala de estar, cozinha, escritório da Vila e acesso à Casa de Obatalá, de uso religioso. Ao lado esquerdo, segue um caminho de pedra que desce dando acesso inicial ao espaço do Quilombo: uma construção circular coberta, com forro de madeira corrida no teto sustentado por vigas que terminam em grossas pilastras de madeira. Metade da circunferência da estrutura é feita na base das paredes, até a altura de um parapeito, sendo substituída por um vitral colorido que segue até o teto (Figura 9). A outra metade da circunferência é toda de pedra, onde ficam colocados dois grandes espelhos, alguns artefatos e um equipamento de som (Figura 10).

Figura 9 – Vitrais que compõem boa parte da estrutura do Quilombo. Máscaras

Fonte: arquivo pessoal do pesquisador

Figura 10 – Parte da parede do Quilombo com espelhos

Fonte: arquivo pessoal do pesquisador

O piso é de cimento batido, encerado e muito bem cuidado, com três círculos concêntricos pintados no centro. Para entrar no Quilombo, quase em todas as atividades, nos orientam a tirar os sapatos, algumas vezes, mesmo não perguntando o motivo, ouvi como justificativa o cuidado com a pintura do piso. Segundo Robson Max, tiramos os calçados como reverência, em um movimento de despojamento interno ao pisar em chão sagrado onde se faz arte e cultura. O Quilombo é uma das estruturas principais do espaço da Vila, onde várias atividades acontecem, desde dançaterapia com as crianças da educação infantil e do 1.º ano de manhã até vivência com o público externo em diferentes horários. Algumas atividades maiores, como o *Ojó Odé* (falaremos disso mais adiante), acontecem lá.

Figura 11 – Instrumentos que ficam no Quilombo

Fonte: arquivo pessoal do pesquisador

Na estrada de pedra, que leva da secretaria até o Quilombo, há uma cerca de metal branco, à direita, com uma portinhola que dá acesso a outros lugares da Vila, todos eles acessíveis por estradas de pedra e muitas escadas, também de pedra, respeitando a irregularidade do terreno. Esses caminhos são todos cercados por árvores altas e vegetação local. Logo ao lado da entrada da portinhola branca de metal fica a Praça dos Ancestrais, um espaço pequeno onde fica o busto de uma estátua negra. A Praça dos Ancestrais é um lugar reservado ao trabalho com a ancestralidade, que "representa o começo, a continuidade e o porvir de tudo" (trecho do diário de campo, 8 de agosto de 2016).

Figura 12 – Praça dos Ancestrais

Fonte: arquivo pessoal do pesquisador

Seguindo o terreno, mais à direita de quem desce, está a brinquedoteca[10], que é uma construção em forma de casinha, de mais ou menos 70 m², composta por dois andares. Ela fica no caminho entre o Quilombo e uma praça chamada Praça Violeta Parra, localizada ainda mais à direita, ou na parte ao norte do terreno. A brinquedoteca tem uma escada branca em forma de espiral que dá acesso, internamente, ao andar superior. Dentro, logo na entrada, à esquerda, havia várias prateleiras cheias de bonecas, de todo tipo: de plástico, de pano, brancas, pretas. De frente para a porta fica uma casinha grande de plástico resistente, com uma janela e uma porta, onde cabe uma criança pequena em pé. No canto direito, uma seção de fantasias e acessórios, além de muitos outros brinquedos pelo espaço, organizados de forma bastante acessível às crianças, assim como um enorme cachorro de pelúcia marrom.

À direita do terreno, seguindo em direção ao jardim Violeta Parra (Figura 13), fica um pequeno viveiro onde vive uma arara-azul, resgatada em cativeiro e levada para a Vila sem possibilidade de reintegração ao seu habitat. É comum que animais apreendidos pela polícia ambiental sejam levados para a Vila.

---

[10] A brinquedoteca foi construída por um projeto da Fundação Abrinq que forneceu um curso de brinquedista e apoio, com doação de vários brinquedos. Esse espaço foi, por muitos anos, frequentado por escolas municipais e estaduais em parceria (contraturno/turno integral), de educação infantil e primeiro segmento do fundamental.

Após passar pela arara, que costuma dizer um "oi" bem agudo quando alguém passa por ela, chegamos à Praça Violeta Parra, que tem um canteiro central de flores, uns bancos coloridos, e, ao lado direito, um pequeno refeitório coberto, com uma pequena cozinha, onde as crianças lancham no período da tarde; do outro lado, fica um viveiro maior com outros bichos, como pavão, cabras, galinhas. Alguns apreendidos, outros comprados, que ficam um tempo neste viveiro até serem levados para a Roça. De um dos lados do viveiro está a casa Ibeji e Egbé. Uma casinha pequena, com telhado de telha de dois caimentos, e com uma porta e janelas laterais de vidro, por onde se pode ver a parte interna, onde ficam duas prateleiras grandes na parede do fundo, em uma espécie de altar como várias bonecas de pano, tecidos, vasilhas de barro no chão, e doces, junto com outros brinquedos. Essa é uma casa de Orixá, à qual as crianças têm livre acesso para brincar, e colher doces e presentinhos.

Do outro lado do viveiro, por um caminho curto, acessamos uma pequena construção em estilo castelo europeu, onde fica o centro de referência em matemáticas e tecnologia: no pavimento superior, está instalado o estúdio de rádio, um espaço pequeno com uma mesa, apoiando dois microfones focais, equipamento de modulação, um computador e um tapete com almofadas. No andar de baixo, uma sala de jogos de origem africana (Figura 14), o *Ori*, que faz parte de uma família de jogos chamada mancala[11]; assim como um espaço de referência de estética africana onde ficam espelhos, tecidos para turbantes e outras coisas do gênero.

---

[11] Mancala é a denominação genérica de aproximadamente 200 jogos diferentes originários da África, por volta do ano 2000 antes de Cristo.

Figura 13 – Jardim Violeta Parra

Fonte: arquivo pessoal do pesquisador

Figura 14 – Tabuleiro da Mancala na Sala de Jogos

Fonte: arquivo pessoal do pesquisador

Atrás do viveiro maior há outro espaço aberto chamado Praça Vermelha (Figura 15), com cubos de cimento coloridos que acompanham o desnível do terreno e dão uma impressão de espaço de plateia. O piso de cimento tem um círculo bastante desenhado e colorido e um mastro ao centro, esse espaço também é chamado de Praça do Tempo. Há, em um canto desse pátio, um pequeno casebre onde ficam alguns relógios de parede que não estão em funcionamento (Figura 16). Essa praça é onde geralmente as crianças brincam após o final das atividades da tarde.

Figura 15 – Praça Vermelha com cubos de cimento ao fundo

Fonte: arquivo pessoal do pesquisador

Figura 16 – Casebre de relógios

Fonte: arquivo pessoal do pesquisador

CAMINHOS, TRAMAS E DIÁLOGOS DO TORNAR-SE SUJEITO

Atrás da Praça Vermelha, dividido por uma vegetação alta, fica o parque de areia e um campinho, outro espaço de brincadeira que as crianças podiam visitar no final do turno. Os espaços de brincadeira nesses lugares não eram programados previamente, mas aconteciam com certa frequência. Saindo dessa praça, ao sul do terreno, entramos em um largo corredor de pedrinhas soltas, chamado de Caminho dos Ancestrais, que segue se transformando em Caminho Inca, sem cobertura e com pilastras de tijolinhos altas e ornamentadas, cada qual com uma luminária no alto. Seguindo esse caminho, encontramos um espaço fechado, uma construção em estilo pré-colombiano chamada de Memorial, pouco usado ou mencionado. Esse espaço se abre para uma escadaria de pedras, decorada e pintada com motivos e máscaras Astecas, Maias e Incas, que termina em uma construção de pé direito alto com grandes portas de vidro tampadas por longas cortinas pesadas, chamado Teatro Território Livre. Ao lado dele, o espaço do Circo, onde aconteciam várias atividades e atualmente, pelo desgaste da lona, é menos usado.

Seguindo mais, acessamos uma estreita escada de cimento que dá acesso ao espaço da capoeira (Figura 17), chamado Centro de Capoeira Angola Ouro Verde, uma espécie de pequeno pátio, coberto, com grandes janelas de vidro, e uma saleta menor onde guardam os instrumentos. Nesse espaço acontece, além da capoeira, o samba de roda. O ambiente tem acesso direto à rua por uma porta de ferro larga, e mais ao fundo no terreno, mas sem acesso por dentro dele, há um centro de Umbanda. Ao lado dessa saída, há outra portinhola que, mais ao sul ainda do terreno, mostra um caminho que leva à Aldeia (Figura 18), composta por cabanas levantadas segundo as técnicas de construção originais (pau a pique, adobe, tijolo e pedra), cobertas com palha de buriti, fazendo referência às habitações indígenas. Neste espaço são realizadas oficinas com as crianças, que referenciam as tradições indígenas, mais especificamente as do tronco Tupy, incluindo os Porancês[12]. Não foi possível observar e vivenciar nenhuma atividade no espaço da Aldeia durante a pesquisa. Entretanto, é um lugar de referência inclusive fora de Goiás. Durante o FICA – Festival Internacional de Cinema e Vídeo Ambiental, que aconteceu entre os dias 16 e 21 de agosto de 2016, um grupo indígena se hospedou nesta Aldeia para o evento.

---

[12] Oficinas de brincadeiras, canto e danças indígenas, atividades e estéticas, entre as quais: trançados em palha, grafismo indígena e pintura corporal, culinária, cerâmica, criação de instrumentos musicais (maracás), estética (*iguará poran*) e adornos (colares, cocares e braçadeiras).

Figura 17 – Espaço da Capoeira

Fonte: arquivo pessoal do pesquisador

Figura 18 – Espaço da Aldeia

Fonte: arquivo pessoal do pesquisador

A roça

A Roça fica na chácara "Caminho das Águas", o lugar mais afastado do perímetro urbano, distante 15 km da cidade, tem uma casinha com seis cômodos, um galinheiro grande e um curral com diversos animais. Tem acesso ao rio, onde as crianças costumam se banhar nas visitas chamadas de "Escola na Roça" (Figura 19), que acontecem com frequência variada, em média a cada dois meses.

Figura 19 – Leito do rio Vermelho, na Roça, onde as crianças se banham

Fonte: arquivo pessoal do pesquisador

Dentre as atividades feitas nesses dias estão: ordenha de leite, visita à horta e passeio pela trilha da mata, onde as crianças, após uma curta caminhada, sentam-se numa pequena clareira, preparada com tocos de madeira em círculo servindo como bancos, para ouvir e contar histórias. Na casa da Roça, onde as crianças almoçam e descansam, há dois quartos onde se dividem para troca de roupas, um para os meninos e outro para as meninas. Há um único banheiro de uso comum. A casa possui um avarandado coberto na fachada e em uma das laterais, onde as crianças e adultos ficam a maior parte do tempo.

Os vários espaços da Associação Vila Esperança se relacionam de maneira territorial, no sentido de que não estão necessariamente juntos geograficamente, mas articulam-se pelas práticas e saberes produzidos, a despeito do arranjo geográfico. Nesse sentido é um Território na dimensão interpretada por Haesbaert, a partir de Lefebvre, que escreve sobre a dimensão e a potência de um território simbólico, entendido como espaço de múltiplas identidades e permeado de processos de apropriação, que funciona pela conexão e pela potência das redes de significados, e não está necessariamente balizada pelo espaço geográfico.

> Todo território é, ao mesmo tempo e obrigatoriamente, em diferentes combinações, funcional e simbólico, pois exercemos domínio sobre o espaço tanto para realizar "funções" quanto para produzir "significados". O território é funcional a começar pelo território como recurso, seja como proteção ou abrigo ("lar" para o nosso repouso), seja como fonte de "recursos

naturais" – "matérias-primas" que variam em importância de acordo com o(s) modelo(s) de sociedade(s) vigente(s) (como é o caso do petróleo no atual modelo energético capitalista) (Haesbaert, 2004, p. 3).

Os espaços da Vila, entendidos nessa dimensão de territorialidade, são fundamentais para compreender a sua potência comunitária, carregada de marcas da história construída na e pela Vila Esperança. E em uma dimensão didática, os lugares que compõem esse território são os cenários onde os relatos feitos neste trabalho acontecem. Em muitos momentos, mesmo em espaços geográficos diferentes, os contos se relacionam, deixando evidente a dimensão de territorialidade.

CAPÍTULO 3

RELATO ETNOGRÁFICO: QUEM CONTA UM CONTO...

Este capítulo traz os relatos de campo articulando-os teoricamente com alguns debates sobre os temas. Os relatos etnográficos aqui apresentados se organizam em formato de contos, e articulam as categorias analíticas desenhadas em campo: comunalidade e partilha; brincadeira infantil, identidade e estética racial; gênero e sexualidade; memória e religiosidade.

Tempo, tempo, tempo, tempo, és um dos deuses mais lindos

> *Caçar Pokémon é fácil, quero ver caçar Sacy, nem tem aplicativo pra isso.*
>
> (Fala do Haroldo, educador)

A linearidade do tempo na Vila Esperança sempre me pareceu pouco capturável, que nem o Sacy. Os tempos das atividades não são marcados por nenhum sinal sonoro, nem mesmo por uma chamada das educadoras para voltarem para sala após o lanche, por exemplo. Da mesma forma, o horário do relógio é cumprido de forma menos rígida. A Praça Vermelha é o lugar onde geralmente as crianças brincam de várias coisas, dentre elas: Pique Alto e Pirata de uma Perna Só. Esta última foi mais frequente nos dias em que estive lá, é uma brincadeira entre duas equipes de piratas, em que cada uma precisa roubar piratas do time contrário. Sempre que possível, íamos à Praça brincar de Pirata.

Em algumas tardes, especialmente quando eu me cansava da brincadeira, interpelava as crianças sobre o que significavam os relógios parados ali, colocados em um *espacinho* só pra eles, num casebre num canto da Praça. Elas geralmente ainda estavam envolvidas com o jogo e não davam muita atenção para minha pergunta, apenas levantavam os ombros numa mistura de não saber do que se tratava e de algo como "não tenho tempo para esse tipo de pergunta agora". As crianças eram geralmente muito solícitas na tentativa de responder às minhas perguntas, às vezes até procurando um adulto na busca de alguma resposta que não tinham. Entretanto, neste momento elas estavam mais tomadas pela brincadeira, e a atenção ganhava outro foco. Em uma das minhas últimas tardes na Vila, algumas crianças estavam no parque e tentei novamente descobrir o que significavam os tais relógios. Chamei a Mariana, a criança mais velha dos 4.º/5.º anos, para quem ainda não tinha tentado perguntar:

– Mari, você sabe o que quer dizer esses relógios aqui nessa casinha?

– Hum, acho que é porque aqui é a "praça do tempo".

– Mas tem alguma razão pra eles estarem aí, ou é tipo um enfeite?

– É, acho que é só um enfeite pra lembrar que é a Praça do Tempo.

A presença dos relógios parados e empoeirados chamou minha atenção, não só pelo inusitado de uma casinha de relógios, mas porque eles estavam empoeirados, e por mais que a Vila seja um lugar com muita mata, espaços abertos, enorme, e que certamente demande muito cuidado com a limpeza, é incomum encontrar coisas empoeiradas. Tudo é muito limpo, vivo e dinâmico, como se não houvesse espaço para coisas paradas, encostadas, ao menos não nos lugares pelos quais circulei, de maior movimentação de gente. A fala de Mariana para justificar os relógios: "pra lembrar que é a Praça do Tempo" me soava de forma antagônica, como: é aqui que o tempo se esquece, se perde. Para mim, a cena remetia à imagem de um *Chronos* que não importa, onde o tempo tem seus próprios tempos, e o ritmo do relógio é insuficiente pra dizer a dimensão que as coisas ali têm, especialmente o brincar. A Praça Vermelha acenava como o lugar onde mora um outro tempo, o *Aion*, uma outra dimensão temporal que Heráclito define como o tempo da eternidade, da brincadeira, do jogo, o tempo em que a criança brincando relativiza o próprio tempo, ou o "tempo da criança criançando" (Pulino, 2016b, p. 77).

Em outros momentos, em que eu achava que era o tempo cronológico que guiava, mesmo em sala de aula, pude vivenciar diálogos que surgiam pelo tempo *kairótico*, o tempo da oportunidade, onde as vivências e os diálogos não se orientam por uma medida temporal acertada, por exemplo, quando uma aula de leitura programada na grade semanal se tornou um debate sobre diversidade (falarei desse e outros momentos mais adiante).

Luiz Antônio Simas e Luiz Rufino contam no livro *Encantamento sobre política de Vida* que Iroko é o orixá do tempo e da ancestralidade. Em algumas narrativas, é a primeira árvore do mundo.

> Pelo seu tronco, os orixás da criação saíram do Orum e chegaram ao Ayê. Para alguns mais velhos, mais do que uma árvore,

> Iroko é uma raiz, evocação do poder dos ancestrais e senhor do tempo da paciência. Tem ligação com o culto das mães feiticeiras, já que em um mito o pássaro das Senhoras pousou em seu galho. O mensageiro de Iroko é o abutre, que pousa e voa dos imensos galhos da árvore sagrada para dizer que nós não somos donos do nosso tempo. O abutre encarna a noção da nossa finitude. As raízes do Iroko encarnam a eternidade da memória ancestral (Simas &Rufino, 2020, p. 16).

A Vila tem seus próprios tempos. Às vezes ficava perdido tentando me ancorar na linearidade de *Chronos*, na tentativa de fazer um registro compreensível no diário de campo, que me ajudasse posteriormente, marcando os acontecimentos no tempo que estava sinalizado no relógio da Sala Passaredo. Mas percebia que, às vezes, ele me enganava; entretanto, o sentimento de *perdência* estava em mim, não nos outros. Em tudo e todos, a Vila se constrói assim, pelos próprios (des)ponteiros, como o Curupira de pé pra trás, mas que anda pra frente pra confundir a gente. Portanto, o relato que começo aqui também está diretamente implicado nessa não cronologia. A dimensão (des)temporal do Espaço Vila Esperança, e a peculiaridade dos momentos vividos, justifica a não linearidade dos contos que se seguem.

Pisando com cuidado em terra que não é minha

A proposta de fazer uma etnografia com crianças me demandou um exercício constante de saída do meu lugar de saber de adulto, um exercício que me propus a fazer desde o início, e imaginei que seria difícil, porém possível e necessário. No processo me surpreendi com a angústia que isso me gerou em alguns momentos, pois acreditava estar preparado, mas as crianças são boas em mostrar que (a despeito de todo nosso conhecimento, estudo, preparo) nunca estamos prontos. Essa é uma ilusão do mundo adulto. Já com a disposição para, e o desejo de ouvir as crianças em seus termos e deixar que elas me guiassem em campo, cheguei a Goiás. Era quinta-feira, início da noite, o ritmo diferente dos grandes centros urbanos. A cidade estava quieta, as casas tinham poucas luzes acesas, em alguns casos apenas a luz dos televisores fazia reflexo nos batentes de madeira das janelas. Cheguei à casa onde havia articulado minha estadia por mais ou menos um mês. Uma porta azul de madeira compunha a fachada com um vaso sanitário transformado em vaso de flores na entrada. Bati, e quem abriu a porta foi uma menina de olhos curiosos, de mais ou menos 10 anos. Perguntei pela dona da casa.

– Você é o moço que vai ficar aqui, é?

– Sim.

– Ah, então entra, vou te mostrar o seu quarto. Minha mãe já volta. – E me levou até o fundo da casa, onde estava o quarto no qual eu ficaria. Entramos e ela começou um curto, tímido mas curioso interrogatório:

– Qual seu nome?

– Ernesto.

– O meu nome é Laura.

– Que nome bonito!

– O que você veio fazer aqui no Goiás?

– Hum, eu vim fazer uma pesquisa.

– Uma pesquisa?

– É, uma pesquisa em uma escola que tem aqui, chamada Vila Esperança.

– Ah, você é o moço que vai fazer a pesquisa! Eu estudo lá. É a melhor escola do Goiás! Eu estou no 4º ano. É uma pesquisa de quê?

– De mestrado, do mestrado que estou fazendo. – Falei, sem querer dizer muito.

– Hum, *show* então, hein? Posso te levar na segunda, que a gente vai voltar das férias.

– Legal! Mas preciso ir amanhã cedo também, tenho uma reunião lá.

– Posso te levar.

– Amanhã nos encontramos umas sete e meia então?

– Sim. Nos encontramos na sala, *tá*? Até amanhã.

– *Tá* bem. Até, Laura.

Cheguei à sala no dia seguinte, no horário combinado, a Laura estava organizando a mesa para o café. Comemos e eu logo estava pronto, com uma pequena bolsa com o diário de campo e uma caneta, a Laura me olhou e disse:

– Só vai levar isso?

– Só. Acha pouco?

– É. Ué, é um mestrado! Não tem que levar uns equipamentos pra filmar, essas coisas?

Fomos andando até a escola. Ela me ensinou o caminho. Lá, tive uma breve reunião com alguns educadores e educadoras; eles tinham outros assuntos para tratar antes do início das aulas e fomos embora. Aproveitamos o dia para conhecer a cidade. Conversamos durante todo o percurso. Ela perguntando sobre como é ser pesquisador e o que eu iria querer ser depois que eu me formasse. Expliquei que já era formado e que aquela era uma outra etapa de formação. Ela comentou: "Ah, aí acaba essa coisa de pesquisa, né?" (trecho do diário de campo, 29 de julho de 2016).

Na fala da Laura, em especial nos questionamentos sobre ser pesquisador e quanto aos instrumentos que se usam para essa tarefa, aparece uma perspectiva própria sobre ser pesquisador, como caminho para chegar a um processo final de formação. Para a academia, o caminho é inverso: primeiro forma-se, para conseguir desenhar uma futura carreira enquanto pesquisador. A perspectiva que a Laura apresenta, sem mesmo perceber, é de outra dimensão de processo de conhecimento, propondo que, antes de uma suposta formação, o sujeito já é pesquisador, investigador. De alguma forma, fala de um sujeito que produz conhecimento, pesquisa, que investiga a despeito de uma legitimação acadêmica; ou que a pesquisa, a curiosidade são fundamentais para formação.

Fomos até o rio, numa região de banho chamada de Carioca, onde tem uma estrutura com quiosque, banheiros, uma fonte de água limpa, um parque e campo de futebol de terra. Lá, a Laura me levou até uma região mais afastada do rio, contou sobre como gostava do lugar e que levava muitos turistas para lá, mas disse que eu não era mais turista porque ficaria lá quase um mês, que turistas ficam apenas poucos dias. Estávamos nos organizando para voltar para casa e paramos na fonte para beber água. Ela pediu de forma misteriosa, mas com um pequeno ar traquina, que eu bebesse "três mãos" de água. Obedeci à solicitação e disse:

– Pronto, bebi e agora?

– Sabe por que te falei para beber assim? É que quem bebe "três mãos" de água da fonte, nunca mais sai de Goiás.

– Eita! Sério? Como vou fazer com todas as minhas coisas e minha família em Brasília?

– Não, não... Confundi. Na verdade quem bebe as "três mãos" de água, depois que vai embora, sempre volta.

– Ah, bom. Ufa... Então vou ter que voltar, né?

No caminho para casa passamos em frente à Igreja Nossa Senhora do Rosário. Parei um pouco e olhando a arquitetura tão cheia de detalhes, que guarda um sino no alto, tocado diariamente, perguntei se ela conhecia coisas sobre a história da cidade. Ela disse que, quando os portugueses chegaram lá, fizeram um tipo de bebida mágica para os índios, que na verdade era só álcool com fogo, por isso os índios chamaram eles de demônios. Com essa estratégia fizeram os índios mostrarem onde estava o ouro, senão colocariam fogo em todas as águas, mas os índios não sabiam que o ouro era assim tão importante. Perguntei sobre a igreja:

– Ouvi dizer que antigamente, aqui no Goiás, tinha uma igreja para os brancos e outra para os negros. Você sabe dessa história? – Enquanto eu falava, olhava para a igreja, e assim que terminei a pergunta ela segurou nos meus ombros, me girou para que eu olhasse para ela e fitando meus olhos, disse:

– Mentiram pra você. Isso não existe. Tá vendo essa igreja? Ela foi construída em cima da igreja dos negros. Foi assim. – Seguimos caminho. Alguns dias depois, fui sozinho até a igreja e li na plaqueta de entrada:

> A igreja da irmandade de Nossa Senhora do Rosário dos Pretos na cidade do Goiás teve sua construção efetivada no ano de 1734, no largo do mesmo nome, sendo, portanto, o segundo edifício religioso implantado nessa cidade, posterior apenas à capela de Santana, esta depois transformada em igreja Matriz. Na década de 1930, quando a antiga igreja do Rosário, única construída com duas torres em Vila Boa, completava dois séculos de existência, foi demolida para dar lugar a atual de exterior de estilo neogótico, e organização interna de características neoromânicas" (copiado da plaqueta explicativa no interior da igreja).

Voltando à caminhada pela cidade com a Laura, depois de passar pela igreja fomos até o Museu da República, que fica no Palácio Conde dos Arcos, e lá fizemos um breve passeio sobre a história do governo de Goiás. O guia do local apresentou-nos os 89 governadores que passaram por lá e faziam parte da história do Goiás, conhecemos as dependências da antiga residência dos governadores, antes de Goiânia se tornar a capital de Goiás. Saindo do museu, a Laura propôs que fôssemos algum dia ao cemitério onde a Cora Coralina estava enterrada. Perguntei se era bonito, ela disse que sim, que era chique, que para ser enterrado naquele cemitério precisava pagar:

– E se as pessoas não tiverem dinheiro para ser enterradas, como faz?

– Tem o cemitério dos negros que é mais distante um pouco, mas as pessoas podem ser enterradas lá sem pagar.

Neste dia de passeio pela cidade e de conversa sobre a história do Goiás pude perceber muitos elementos marcados sobre racialidade. A Laura é uma menina branca que tem um diálogo intenso com as religiões de matriz africana e com a temática. No passeio com ela, deparei-me com seu repertório sobre as questões raciais e imaginei que boa parte disso teria relação com a escola. Imaginei que o campo seria intenso. Eram apenas os primeiros momentos em Goiás, e ainda não tinha conhecido as crianças e o cotidiano da escola Odé Kayodê.

Esse foi o início do meu primeiro período de campo, o mais longo que passei na Vila. Já nos últimos dias desta primeira imersão, o professor Haroldo sugeriu que as crianças fizessem uma entrevista comigo na rádio. As crianças ficaram animadas e disseram que já tinham um monte de perguntas para fazer. Entrar no espaço como pesquisador, por dias inteiros, suscitou nas crianças muitas curiosidades, dentre elas: onde eu morava, se eu tinha filho, se era casado, o que gostava de comer. A curiosidade sobre minha vida particular veio antes mesmo da proposta de entrevista na rádio, e aparecia entre perguntas e interações tímidas e curiosas.

Certa manhã, ainda nos primeiros dias de campo, eu estava no pátio na hora do café, sentado perto de uma pilastra onde terminava a parte coberta do refeitório, tomando um leite quente, sozinho, observando a movimentação das crianças. Três meninas da educação infantil começaram a correr em círculo perto de onde eu estava, elas riam e olhavam pra mim, até que uma chegou correndo e disse: "tio bonito!" e saiu correndo, as outras a repetiram, rindo, e se esconderam como se estivessem fazendo alguma travessura. Ri e continuei sentado. Uma delas se aproximou, me olhou nos olhos, e eu disse "oi", ela não respondeu, olhou para as minhas tatuagens no braço e deu três tapinhas no meu antebraço que tem uma tatuagem grande de flores vermelhas. Demorou-se alguns segundos esperando minha reação. Eu sorri e ela correu.

Entre as crianças maiores a curiosidade se manifestava, na maioria das vezes, por perguntas: onde eu morava, se doía fazer tatuagem, quantos anos tinha meu filho e se eu não poderia levá-lo na Vila para conhecerem. No dia da entrevista da rádio as perguntas já tinham se ampliado, saíram do *locus* da curiosidade particular e entravam numa curiosidade partilhada, elas já estavam interessadas em saber o que eu achava da Vila, como tinha conhecido o espaço, e o que eu mais tinha gostado:

– O que te chamou mais atenção aqui na Vila Esperança?

– Muitas coisas. Acho que o que mais me chamou atenção pela primeira vez, e que eu achei que iria ser só uma primeira impressão, mas continuou me chamando atenção todos os dias, foram os detalhes. Tanto a escola de vocês quanto o espaço da Vila Esperança têm muitos detalhes em todos os lugares, têm muitas coisas bonitas. Que eu chamaria, e outras pessoas também, de estética. A estética da Vila, a estética da escola de vocês, me chamou muita atenção. Todo dia eu vejo uma coisa nova. É muito incrível isso!

– Estética de cabelo?

– Não. A estética está em todos os lugares. A estética do espaço me chamou atenção. Mas eu acho que a atividade que eu mais gostei, de todas, foi o *Ojó Odé*, que tem muita estética.

A curiosidade das crianças, às vezes, produz questionamentos que vão além da curiosidade concreta da vida. Perguntas para as quais, mesmo sendo sobre nós mesmos, não temos respostas; perguntas que muitas vezes evitamos fazer, ou que só são autorizadas para espaços terapêuticos. Matias e Pulino (2014) lembram-nos que a criança, pela sua potência imaginativa, institui, cotidianamente, o imprevisível, e o imprevisível tem como mania trazer um certo desconforto, cutucando as nossas verdades engessadas. Talvez essa seja uma das mais fantásticas potências da infância: produzir questionamentos que desestabilizam. Só tirando as coisas de lugar é possível encontrar e produzir novos lugares para elas. Na entrevista na rádio uma pergunta explicita isso:

> – Você tem medo do quê, Ernesto?
>
> – Eita, essa é uma pergunta bem complicada... Do que eu tenho medo? Bom... a gente pode responder muitas coisas. Por exemplo, eu tenho medo de ouriço-do-mar que é uma coisa muito boba. Mas eu tenho medo.
>
> – O que é isso?
>
> – É um tipo de bicho que não é um bicho, ele nem faz nada, fica só parado, com os espinhos assim. Eu acho que não conheci ninguém, até hoje, que tenha medo de ouriço-do-mar. E eu gosto muito de bichos, quase não tenho medo deles, mas de ouriço-do-mar eu tenho. Eu tenho medo de não dar conta de fazer as coisas que eu quero fazer, um medo que talvez muita gente tenha. Eu tenho medo de magoar as pessoas... eu tenho medo de... acho que só. Assim, se a gente for parar pra pensar, a gente pensa em muitos medos que a gente tem (transcrição de áudio, 18 de agosto de 2016).

São muitas as respostas possíveis para essa pergunta. São muitos os medos que construímos, descobrimos, criamos e desafiamos. O campo, a pesquisa e o processo de escrita me fizeram entrar em contato com alguns medos, receios, e questionar sobre eles e sobre mim, meus caminhos, meu lugar de pessoa branca. Falarei sobre isso no final deste trabalho.

Ojó Odé

Nos primeiros dias, quando falei para as crianças quanto tempo, mais ou menos, eu ficaria na Vila durante a pesquisa, uma das coisas que ouvi foi: "Legal! Você vai ver então o *Ojó Odé*". Quando perguntei do que se tratava, me disseram que era uma espécie de celebração que acontecia no Quilombo, e que *Ojó Odé* significava "caçador de alegria", que tinha umas oficinas e uma comida muito boa. Na roda do Bom Dia, frequentemente as educadoras davam informes sobre atividades que estavam programadas para a Vila. Na primeira semana de aula, na quarta-feira, avisaram que no dia seguinte aconteceria o *Ojó Odé*, de tarde, no espaço da Vila. No mesmo dia, na turma dos 4.º/5.º anos, a professora explicou para o Daniel, um menino novo na turma que tinha vindo de outra escola, o que era o *Ojó Odé*. Ela iniciou a explicação da seguinte forma: "Então, Daniel, não é legal estudar as coisas no livro? Melhor ainda é vivenciar as coisas, né? O *Ojó Odé* é o momento para isso". Depois falou brevemente sobre as oficinas que aconteceriam, e sobre a comida, que era deliciosa.

No dia seguinte, início da tarde, o Quilombo estava cheio de gente para o *Ojó Odé*. É um momento em que crianças, famílias e amigos da Vila participam em um espaço aberto para a comunidade. Estava tudo muito bem organizado, alguns adultos usavam uma roupa específica, uma espécie de bata, e algumas pessoas usavam turbantes. Talvez a melhor palavra para definir a experiência do *Ojó Odé* seja "onírica", no sentido original da palavra, que significa sonho, uma sensação alterada da realidade vivida. Eu estava presente com meu diário de campo, como de costume, mas não conseguia fazer anotação alguma, não conseguia tirar os olhos de tudo que acontecia para tentar ao menos registrar alguns pontos. Só foi possível fazer breves anotações após a atividade. No meio da vivência resolvi ligar o gravador para não perder muita coisa. As músicas, as crianças, a beleza do espaço, as falas, a dança. A atividade durou todo o período da tarde.

No início, as crianças estavam sentadas no círculo pintado no chão, os adultos nas cadeiras colocadas em círculo, encostadas na parede. Logo, ao lado do som, onde geralmente fica um pequeno palco, Robson e Lucia sentaram-se. Ele iniciou fazendo um cumprimento em yorubá[13] de saudação a todos que estavam ali, e explicou que *Ojó Odé* significava "caçador de si". Após a saudação, cantamos uma série de músicas. A Lucia tocava violão, e o Robson estava ao microfone. Não havia previamente uma seleção de cantos ou músicas. O Robson sugeria algumas canções, ou perguntava no microfone "o que vamos cantar agora?", ao que as crianças gritavam animadas, de onde estavam, o que queriam, ou se levantavam e iam até o pequeno palco pedir ao Robson.

Uma das últimas músicas cantadas e dançadas foi o Afoxé. Dias antes do *Ojó Odé*, me lembro de alguma criança ter comentado que aquele era também um momento de ensaio do Afoxé Ayó Delê[14], que é um cortejo que sai às ruas no mês de maio. Nesse momento de ensaio do Afoxé (que não foi nomeado assim durante o *Ojó Odé*), as pessoas cantaram e dançaram, em círculo, os cantos e movimentos que seriam feitos no cortejo. Depois desse momento, o Robson contou o Mito, uma história africana sobre a origem do mundo e o papel das mulheres na criação. As crianças estavam sentadas no chão, à sua frente, atentas ao que era contado. A questão de gênero apareceu em muitos momentos nas vivências das crianças, ora permeada pelos padrões comuns de divisão de papéis (feminino/masculino), ora por reflexões críticas trazidas pelas crianças, que mais à frente vamos debater. Este Mito traz um olhar sobre a dimensão do feminino e sua potência criativa.

> Um dia, o criador, que já tinha feito muitas coisas, pensou: "Eu já criei muito, mas quero criar mais alguma coisa, tô vendo ali uma estrelinha, eu vou usar aquilo, e vou fazer uns puxadinhos, vou ampliar a criação, vou fazer um planeta que depois vou chamar de Planeta Terra". Reuniu o colegiado das divindades, sim, porque era um Deus coletivo, um Deus que não era mandão, nem autoritário, ele dividia a criação, e achava que cada um dos criados dele eram capazes de produzir a criação por si só. Então ele dividia a criação numa boa, não

---

[13] Yorubá é um idioma da família linguística nigero-congolesa, comumente usado em ritos religiosos afro-brasileiros das Nações Nagô, Ijexá, Oyo e que aparece em vários momentos na Vila.

[14] Segundo Robson de Odé Alafoxé, no site oficial da Vila Esperança: "O Afoxé Ayó Delê (Alegria da casa) faz parte do projeto social, educativo e cultural do Espaço Cultural Vila Esperança, da Cidade de Goiás. Foi criado no ano de 2000 com as crianças da escola Pluricultural Odé Kayodê da Vila Esperança. Afoxé é o poder da palavra, é uma invocação. Esse cortejo, ao som dos tambores que tocam Ijexá Nagô, canta e dança invocando paz e alegria para Goiás e o mundo. Viver um Afoxé é mais que um entretenimento cultural. Afoxé é uma ação afirmativa, uma forma de luta onde as armas são a palavra cantada, a dança e a beleza afro-brasileiras. Ele nos remete à força dos reis e rainhas sequestrados das terras africanas e transplantados para o Brasil – nossos antepassados, nossa herança, nossas raízes! Vivos em nós!" (Odé Alafoxé, n.d.).

> concentrava poder, não. Então ele resolveu, assim, chamar as divindades que a gente chama de Orixás, e aí cada um recebia um domínio da criação: "você com o fogo, você com a água, você com a terra, você com o ar e todos formem suas equipes nesse departamento da criação". Foi aquela assembleia toda, Deus Olodumarê designou a criação e falou: "Meus filhos, vamos trabalhar! Desçam lá e vamos criar, cada um faça o seu melhor" (transcrição de áudio, 4 de agosto de 2016).

Durante o Mito, as crianças ficaram todas muito atentas ao que o babalorixá contava. Após esse momento e a finalização do Mito, nos organizamos para as oficinas: de modelagem, estética afro, oficina de Mancala e de Maculelê. Saímos do Quilombo e nos distribuímos por diferentes espaços da Vila. As pessoas escolheram participar da oficina que mais as interessasse, seguiram o/a oficineiro/a, fizeram a atividade, e depois todos retornaram para apresentar um pouco das oficinas de que participaram. No momento das oficinas escolhi fazer a oficina do Ori, ou Mancala, que, segundo explicou a professora Adriana, a oficineira, é um jogo de origem africana em que o princípio é o de semear e colher. O jogo consiste em um tabuleiro retangular com 12 cavidades, distribuídas em duas linhas. Cada jogador fica de um lado do tabuleiro, com sua linha de seis cavidades, e distribui quatro sementes em cada uma das seis cavas. O jogo se inicia, e um jogador por vez deve apanhar as sementes de qualquer uma de suas cavas, redistribuindo-as nas cavas subsequentes, deixando uma semente na cava de onde retirou o conjunto de sementes, de forma que as cavas nunca fiquem completamente vazias. Sempre no sentido anti-horário, só se pode semear a partir do conjunto de sementes que estão no próprio território, podendo adentrar o território do outro jogador para semear, mas não para colher. Originalmente as peças do jogo eram sementes do baobá. Georges Gneka explica que:

> Pelo *awalé*[15] o jogador conhece a alma africana ou a dos baobás, pois é com seus grãos que se joga. A diversão tem um pé na mitologia e outro no cotidiano da África. Ao jogar, o que se está fazendo é repetir os ciclos da natureza: o cultivo do solo e as colheitas, que seguem o ritmo das estações (Gneka, 2005, p. 54).

O Baobá ficou conhecido como a "árvore do esquecimento", pois, segundo a lenda, "antes de embarcar para o Novo Mundo, os escravos eram

---

[15] *Awalé* é uma das 200 variantes da Mancala, conhecida por esse nome em Gana e no Suriname.

obrigados a dar várias voltas em torno dessa árvore para esquecer qualquer memória do seu passado [parece-me que o efeito foi inverso]" (Parés, 2006, p. 351.). Joguei quatro partidas de Mancala com a Flora, aluna dos 4.º/5.º anos, e perdi todas. A Flora é rápida no raciocínio e foi generosa ao tirar minhas dúvidas e entender minha dificuldade em construir estratégias para o jogo. Quando perdi pela terceira vez, eu disse:

– Mas vou perder todas?! Caramba, é difícil.

– É um pouco, mas depois que você joga algumas vezes vai ficando mais fácil.

No jogo, apesar de ser um jogo de estratégia no qual há um ganhador, o adversário não é alguém que precisa ser eliminado, perder todas as suas peças. "Ganha quem tem o maior número de sementes, mas a terra do outro, vazia, não é minha vitória" (trecho do diário, 4 de agosto de 2016). Após retornarmos das oficinas, cada grupo apresentou um pouco sobre a vivência de forma rápida, ao microfone. Ao final, celebrando, partilhamos juntos um delicioso banquete africano, com pratos típicos: Acarajé e Omolucum, comida à base de feijão fradinho e ovos.

Na oficina de Mancala do *Ojó Odé* podemos pensar, analogicamente, que a possibilidade de semear no território do outro, a partir das nossas próprias sementes, traz uma dimensão muito interessante de partilha e vida (que surge da semente), em paralelo à perspectiva psicanalítica de subjetivação e constituição dos sujeitos. Aposta-se suas sementes na terra do outro, e apenas ao outro cabe a colheita. Jerusalinsky (como citado em Licht, 2006, p. 71) aponta que os espaços de inscrição no psiquismo podem ser explicados por meio de uma metáfora usando agulha, linha e tecido, no qual as experiências vão sendo bordadas como uma trama, traçando infinitas possibilidades de imagem no tecido, onde o tecido é a linguagem, base para as possíveis tramas. Uma relação estruturante com esses vários elementos permite que as experiências pelas marcas feitas com "linhas" e "agulhas" inscrevam-se no sujeito. Beatriz Nascimento também usa a analogia da linha para falar do desenho que o corpo negro faz no espaço. Para ela, "o corpo negro pode se estender simbolicamente ao máximo, até se confundir com a paisagem" (como citado em Ratts, 2006, p. 68). Ela explicita, segundo Ratts, que a linha do corpo negro desenha continuamente o espaço, como fio da memória e fio da identidade.

Portanto, a alegoria da inscrição psíquica de Jerusalinsky parte do sujeito individual e o seu processo particular, ainda que, necessariamente, mediado

CAMINHOS, TRAMAS E DIÁLOGOS DO TORNAR-SE SUJEITO

pelo social, pautado pela linguagem como categoria simbólica máxima de inscrição no mundo; enquanto a analogia desse "tramar-se", de Nascimento, pode ser lida pelas sementes e estratégias de jogo da Mancala, pensando que semear no território do outro, enquanto sujeito negro, seja redesenhar-se na partilha pelas linhas. Na analogia usada por Nascimento, que leio como uma dimensão mais ampla que a do sujeito individual e da linguagem, próprio da ontologia ocidental, também o jogo Mancala pode ser entendido como uma tentativa de "reconstruir sua identidade e seu corpo, pensando na sua trajetória e nas rotas do povo ao qual se sente vinculado" (Ratts, 2006, p. 68). Não estou afirmando aqui que a inscrição simbólica pela linguagem tratada por Jerusalinsky seja inválida, ou errônea, na leitura do sujeito não branco. Apenas suponho que outras novas e múltiplas possibilidades de tornar-se sujeito são apresentadas por outras formas de estar e ler o mundo, e que não são consideradas nos processos de desenvolvimento infantil ocidentais.

Clarice Cohn apresenta, em sua pesquisa etnográfica com crianças Xikrin, que a formação do corpo não basta para gerar uma pessoa Xikrin. Para eles, o ser humano é construído por outros elementos, um dos quais é o *Karon*, algo imaterial que poderíamos, grosso modo, traduzir como "alma", a parte da pessoa que perdurará após a sua morte. O *Karon* é o que permite a pessoa sonhar, podendo transitar durante a vida saindo do corpo quando dorme, e retornando a ele quando acorda. As crianças teriam um corpo mais frágil para reter o *Karon*, porém apenas ele não é suficiente para a formação de uma pessoa, é fundamental que ela tenha, ainda, um nome dado a partir de prerrogativas rituais. Para eles, a pessoa é composta pelo corpo, pelo *Karon* e pelos nomes/prerrogativas rituais (Cohn, 2005, p. 23-25). Essa leitura etnográfica exemplifica que a constituição psíquica de sujeito pode ter dimensões mais amplas e menos organizadas a partir da lógica ocidental.

No documentário Ôrí (1989), da cineasta e socióloga Raquel Gerber, produzido com texto e narração de Beatriz Nascimento, fala-se sobre o homem negro no processo da diáspora, quando "ele troca com o outro a experiência do sofrer, a experiência da perda da imagem, a experiência do exílio". De forma homóloga podemos olhar a partilha das sementes da Mancala, que, segundo Gneka (2005), é jogado originalmente com as sementes de baobá, árvores que são "guardiãs das memórias do mundo" (Lima, 2014, p. 6). Podemos então brincar com uma analogia pensando que a partilha dessas sementes durante o jogo pode ser compreendida, em alguma instância, como a partilha da retomada da história, da memória.

Ainda no filme Ôrí, Beatriz Nascimento trata sobre o surgimento dos quilombos e a presença das pessoas negras traficadas para o Brasil, dizendo que o quilombo surge de um ato primeiro: a fuga de um homem que não se reconhece como propriedade de outro. Para ela, esses antepassados instituem a necessidade que eles tinham de terra no processo de fundação dos quilombos: "é um estar só, um estar em fuga, é estar empreendendo um novo limite para sua terra, para o seu povo, e pra você". Portanto, o corpo que, em fuga, funda um novo território, reafirma sua identidade na mistura do corpo com a terra. A autora relata que o processo de fundação dos quilombos é, também, a busca por reconstruir-se enquanto terra, território, enquanto sujeito negro, no resgate da identidade:

> É de negro porque é o homem ligado à terra. É o homem preto, cor da lama, cor da terra. Porque Gagarin viu a terra azul, mas existe a terra preta. Existe essa terra que é terra, que é a coisa que a gente mais tem medo de perder (Beatriz Nascimento, como citado em Ratts, 2006, p. 69).

Consegue-se entender, nos discursos de Beatriz Nascimento, a perspectiva de um corpo que vai além da própria carne e estética, que se mistura ao horizonte, posto que o corpo em fuga inaugura o quilombo e o quilombo reafirma que o corpo é sujeito, uma vez que se nega a pertencer a outro que não seja a si mesmo. Dentre as várias formas de resistência ocorridas no Brasil, relacionadas com a busca pela terra/identidade, Abdias do Nascimento apresenta o movimento político denominado Quilombismo, objetivando a implementação de um Estado-Nação *quilombista*, a modelo da república de Palmares no século XVI. Nascimento entende que toda movimentação de terreiros, cooperativas, tendas, afoxés, espaços legalizados e outros, ditos ilegais, formam um conjunto único de afirmação (Nascimento, 2002, p. 288).

O autor pontua que, como vítima principal das mazelas impostas à comunidade afro-brasileira, as crianças constituem ação urgente e prioritária do *quilombismo*. Essa prioridade pontuada por Nascimento nos ajuda a pensar sobre a importância de olhar para infância no Brasil, em especial da criança negra, com outros olhos, entendendo a dimensão e a complexidade das questões históricas e sociais que perpassam a constituição destes pequenos. Em uma das tardes no espaço do Quilombo na Vila, estávamos na atividade do Maculelê, e o Mauro, aluno do 1.º ano, observando o espaço, comentou a respeito das máscaras, um tanto desconfiado:

– Essas máscaras estão olhando pra mim. O que elas estão fazendo aí? – O professor Ronaldo respondeu de maneira brincalhona:

– É, Mauro, acho que elas estão mesmo olhando pra você. – Ao que ele retrucou com estranheza:

– Não pode ser, elas não são vivas!

– São sim. Tudo aqui é vivo, Mauro. – Já num tom menos brincalhão.

Talvez o professor Ronaldo não estivesse se referindo a toda reflexão sobre a história dos quilombos, mas possivelmente falava de uma dimensão que atravessa a Vila, e, em especial o espaço do Quilombo, que, remetendo-se a um lugar de resistência histórico, pulsa, o que pode ser evidenciado no *Ojó Odé*, que traz o pulsar da dança, do Mito, na vivência que propõe. Na fala da professora Adriana, quando apresentou o *Ojó Odé* para o Daniel como lugar de "aprendizado vivido", que passa pelo corpo, ela traz no seu discurso que "é legal estudar as coisas no livro", mas "aprender no corpo" pode ser ainda mais interessante. Poderíamos pensar que, de alguma forma, o corpo está sempre presente no processo de aprendizagem, ele é o *locus*.

Entretanto, só compreendi a fala da professora em sala quando estava no *Ojó Odé*. Ao explicar para o aluno novo o que seria a atividade, ela não disse muita coisa, a fala foi curta, como não é comum em suas aulas, onde costuma explicar e dar vários exemplos e referências para o que está apresentando, entendi que algumas coisas não se dizem, se vivem. No *Ojó Odé* a gente não aprende "com" o corpo, a gente apre(e)nde "no" corpo. A experiência "onírica", como pontuei anteriormente, talvez traduza este aprender, que é difícil de dizer em termos cognoscíveis, como uma experiência espiritual, única de cada sujeito. Mas enquanto estava ali, assimilando aquela vivência, só me lembrava da breve fala da Adriana em sala. Acredito que é possível pensar o corpo como lugar de conhecimento, que extrapole a dicotomia corpo x mente/intelecto. Nesse sentido, logo no início do *Ojó Odé*, o Robson propôs uma primeira música para ser cantada, e explicou o que significava a letra em yorubá:

> Tem um canto que diz assim: "Seja bem-vindo". Aí eu vou dizendo um bocado de coisa que talvez vocês não vão entender um monte de coisa: "eu te chamo pra cantar, eu te chamo pra ser feliz, eu te chamo pra ser amigo, eu te chamo pra comer"... um monte de coisa que vier na cabeça transcrição de áudio, 9 de agosto de 2016).

Na tradução da letra dada pelo Robson é possível ler a convocação, o chamado ao corpo para a vida. Como que se necessitasse convocar o corpo para estar ali em múltiplas possibilidades, para poder ser, para estar disponível para esta outra ordem do "aprender".

A dimensão de resistência também pode ser lida durante o *Ojó Odé* no movimento de sair e voltar para o Quilombo, que analiso em duas situações diferentes: a primeira, na saída do espaço para realizar as oficinas e retornar; e, a segunda, no ensaio do Afoxé feito durante a atividade dentro do espaço do Quilombo para, em outro momento, sair pela cidade. No primeiro ponto de análise, as crianças, familiares e amigos escolhem uma oficina para fazer, vivenciam isso fora do espaço do Quilombo, mesmo que dentro da Vila, e depois retornam todos para compartilhar o que cada um vivenciou. No segundo ponto, o ensaio do Afoxé, dentro do Quilombo, se canta e dança em círculo as músicas próprias do Afoxé, como "uma ação afirmativa, uma forma de luta onde as armas são a palavra cantada, a dança" (Odé Afoxé, n.d.). Isso auxilia a gente a pensar que o movimento de sair do Quilombo, levar as armas, levar os saberes, fazer circular uma outra estética pelo mundo branco é fundamental para a manutenção do quilombo enquanto espaço de resistência e luta pela terra/corpo negro, assim como o exercício de entender que os saberes estão por aí, e que é possível se apropriar deles e partilhá-los dentro do Quilombo. A resistência, portanto, não é estática como o nome pode sugerir, ela é dinâmica, é movimento. E, nesse movimento, as existências plurais vão se fortalecendo.

Brincar e remodelar o mundo

Os espaços de brincadeira são observáveis em todos os lugares de interação infantis. As crianças criam jogos, brincadeiras, faz de conta. Brincar, atividade que faz parte do processo de desenvolvimento, é descrito de diversas formas pelos vários teóricos do desenvolvimento, abarcando desde o desenvolvimento do raciocínio lógico matemático até o desenvolvimento socioafetivo, promovido pelos espaços de brincadeira e interação simbólica. Várias foram as situações de brincadeira, na Vila e na EPOK, nas quais estive presente ou apenas assistindo. Entretanto, os espaços de brincadeira na escola, no momento de aula, eram mais escassos. De forma geral, durante a tarde, mas especialmente de manhã, as atividades, geralmente em sala de aula, eram dirigidas e com organizações mais fechadas. De tarde, na Vila, havia alguns momentos livres ou negociáveis com os professores, para ir ao parque ou à brinquedoteca.

No espaço e horário da aula houve um único momento em que presenciei um faz de conta em sala, junto com o grupo da educação infantil. Havia uma aluna nova que, no processo de adaptação, saía inúmeras vezes da mesa onde a atividade estava sendo proposta. A professora Jaque tentava convencê-la a permanecer, mas ora ela estava chorosa, pedindo a companhia do irmão mais velho de outra turma, ora se distraía com um mezanino dentro da sala, onde ficavam os brinquedos. Observando a movimentação, ofereci-me para ficar lá com ela, a professora aceitou, as outras crianças se interessaram em ir também, e Jaque combinou que, depois de terminada a atividade de colagem de letras, poderiam ir.

Quando parte das crianças estavam no mezanino brincando de alimentar bebês, de dirigir um carro, um dos meninos propôs que brincássemos de polícia e ladrão. Algumas crianças se ofereceram para ser o ladrão, e outras a polícia. Ele disse que era para eu ser a polícia. Começamos, então, uma perseguição de carros muito feroz, eu estava em uma viatura (um canto do mezanino onde havia um desnível, usando um volante de plástico) tentando alcançar os ladrões, que tinham roubado alguma coisa que eu não entendi muito bem o que era. Assim que consegui alcançá-los, depois de dois tiros que furaram o pneu do carro deles, fui preso:

– Ué? Por que eu fui preso? Eu sou a polícia, não?

– É, mas a gente te prendeu na delegacia... Parece que o jogo virou, não é mesmo?

A professora Jaqueline pediu para que as crianças guardassem os brinquedos, pois usariam a massinha. Sentaram-se à mesa, eu voltei a me sentar na cadeira perto da parede, retomando meu caderno de anotações. Uma das meninas perguntou, um pouco titubeante, se eu não ganharia massinha também. Essa fala revela um pouco da estranheza do lugar que ocupei durante o tempo em que estive na escola. No dia desse episódio, já havia mais de uma semana que eu estava lá, e não era nem um professor, pois não me colocava em posição de direcionar atividades e ficar junto com adultos, mas também não era criança, apesar de ter sentado com elas para brincar do que estavam propondo, e passar mais tempo com elas.

Gustavo Couto, em seu trabalho etnográfico com crianças em um assentamento do Movimento Sem Terra (MST), discorre sobre como o lugar do adulto e das crianças é desenhado no espaço escolar, mostrando que, no espaço do assentamento, a classificação entre adultos e crianças se dissolvia na presença de ambos, tanto nos espaços de trabalho quanto nas brincadeiras. "A ideia de uma terra compartilhada simultaneamente por diferentes gerações de avós, bisavós, netos e bisnetos de tempos distintos fora de uma lógica linear não cabe na escola" (Couto, 2016, p. 98).

As crianças da educação infantil raramente participavam das atividades do turno da tarde na Vila Esperança. Tive pouco contato com esse grupo, eles costumam usar o espaço da Vila, em especial a brinquedoteca, durante o turno da manhã, porém não tive oportunidade de estar presente naqueles momentos. A brinquedoteca é um espaço riquíssimo de instrumentalização do brincar. Em uma das tardes, na qual a atividade programada era percussão, e que participei junto com as crianças dos 2.º/3.º e 4.º/5.º anos, elas começaram a negociar com o professor Ronaldo a ida para a brinquedoteca, até que ficou decidido que fariam mais 20 minutos de atividade, e depois iriam. A percussão é uma atividade rítmica que acontece no Quilombo, e as crianças sentam-se em roda, como na maioria das atividades. Nas práticas que acontecem durante a tarde, nem todas as crianças estão presentes, vão aquelas que têm possibilidade e interesse em ir. Nesse dia havia mais ou menos umas 10 crianças.

Assim que terminou a atividade/aula de percussão, o professor Ronaldo trancou o Quilombo e foi com as crianças para a brinquedoteca. Nós ficamos apenas no andar de baixo da casa, a parte de cima parecia isolada. Muitos meninos e meninas exploraram as fantasias, o Mauro, uma das crianças novas na EPOK, do 1.º ano, colocou uma fantasia de Sacy com um short dourado e um gorro vermelho. Desde o primeiro dia de aula dele, quando ouviu falar sobre o Sacy, esse foi um personagem que muito o intrigou, e ele recorrentemente citava o Sacy em suas falas. Pulava de uma perna só e tentava dar susto nas pessoas, como que pregando uma peça. Eu estava sentado dentro da brinquedoteca perto da porta e próximo à prateleira de bonecas. O Mauro correu com um fantoche de sapo na mão para me assustar, fiz que me assustei, e ele continuou "pregando peças" nas crianças e no professor Ronaldo.

De forma geral, a brincadeira das meninas era de casinha, cozinhando e cuidando do bebê. Para fazerem de filhas, quase todas escolheram bonecas brancas, apesar de uma quantidade relevante de bonecas negras à disposição. A Michele, dos 4.º/5.º anos, pediu que eu pegasse uma boneca negra que estava mais alta: "Pega aquela pretinha pra mim". Na brincadeira, as bonecas-crianças choravam, as mães estavam sempre ocupadas, ou precisando comprar alguma coisa para alimentar a família, não aparecendo referência de pai. A Flora ficou a maior parte do tempo com as fantasias, ela escolheu uma roupa de bailarina: um colã de cor clara e uma saia de tule bem armado, esses modelos clássicos de bailarina.

A Flora é uma menina negra que usa seus cabelos cacheados e arrumados em diferentes penteados, ela está bem presente na roda de samba com a saia de chita, é referência de negritude para as outras crianças que se remetem com certa frequência ao cabelo dela, sempre de forma muito positiva. Ela transita com tranquilidade pelos espaços de estereótipos, o que faz pensar que a Vila se afasta do exótico, no sentido do exótico como um lugar apartado, visitado esporadicamente por ocasião especial ou por moda[16]. A estética negra (turbantes, *blacks*) é lugar comum no espaço da Vila Esperança, não é o que costuma ter em escolas tradicionais. Por exemplo, no dia do índio, quando as crianças se fantasiam, de forma estereotipada e alienada dos processos históricos indígenas[17].

Entretanto, as crianças podem vivenciar em vários momentos, de forma respeitosa e situada histórica e culturalmente, as múltiplas identidades étnicas. No *Ojó Odé*, por exemplo, na oficina de estéticas, meninas brancas também participam. Naquele espaço do brincar, onde a Flora estava, percebi que a experimentação era da ordem do universo branco, em um sentido pouco comum na Vila. Entretanto, as referências brancas do mundo também estão presentes no espaço da Vila, como o castelo estilo europeu onde ficam a rádio e o centro de jogos africanos. Esse movimento feito pela Flora, mesmo que despretensiosamente, dentro de um espaço de brincadeira, lembrou a frase de Boaventura Santos quando ele diz que "as pessoas têm direito a ser iguais sempre que a diferença as inferioriza e o direito a serem diferentes quando a igualdade as descaracteriza" (Santos, 1997, p. 30).

No sétimo dia em campo, depois de uma manhã agitada na escola, voltei para casa andando, como de costume. A Laura, minha anfitriã, às vezes pegava carona com alguma família da escola e chegava antes de mim, como neste dia. O sol quente do Goiás ao meio-dia estava especialmente quente, não me organizei para almoçar, o calor inviabilizava a fome. Cheguei em casa, sentei-me na mesa da varanda para escrever um pouco e responder

---

[16] Nos atuais debates sobre igualdade racial e valorização da cultura negra, é apropriada pelas pessoas brancas de uma forma exotizada. Em 2013, o estilista Ronaldo Fraga fez um desfile de moda com modelos cheias de bombril no cabelo, como tentativa de crítica ao racismo. Em 2008, as protagonistas brancas da novela da Globo *A Favorita* participaram de uma campanha de moda usando turbantes. Esses são alguns entre vários fatos nesse sentido que têm provocado muitos debates em torno do assunto.

[17] No *porancê* as crianças passam por uma vivência, até onde compreendi, bastante semelhante à complexidade do Ojó Odé.

alguns *e-mails*, peguei umas castanhas que tinha guardado, era o possível para aquele momento de calor e pouco tempo, logo haveria outras atividades na Vila e teria que retornar. Laura já estava em casa, sentou-se na minha frente com o material escolar dela, apontava os lápis e organizava seu material. Perguntou se podia comer uma castanha, disse que sim.

– Sabe, um dia eu comi uma castanha-de-caju recheada que meu tio trouxe de Brasília.

– Era gostosa? – Perguntei.

– Era bem gostosa.

Continuamos comendo enquanto ela arrumava o material e eu escrevia algumas coisas. Ela tirou uma moeda de 10 centavos de dentro da mochila e colocou sobre a mesa. Eu peguei a moeda e disse:

– Sabia que eu sei fazer uma mágica com essa moeda, Laura?

– Faz, então.

– Vou fazer ela aparecer na sua orelha. – Fiz o truque algumas vezes. Ela inicialmente se impressionou e, quando começou a desconfiar, parei com a brincadeira, enquanto ria dela tentando descobrir o caminho da moeda. Devolvi a moeda, peguei mais uma castanha e continuei comendo.

– Vou fazer uma coisa pra você ver também. – Ela pegou uma castanha de caju, e com as mãos sob a mesa começou a manipulá-la e fazer alguma coisa que eu não conseguia ver. Assim que terminou, percebi que a castanha tinha sido cortada no meio e ela havia passado alguma coisa de cor escura como recheio, que não consegui reconhecer.

– Pronto, pode comer.

– Eu não! Não sei o que tem aí.

– É uma castanha de axé. Pode comer!

– O que é uma castanha de axé?

– Uma castanha de axé é uma castanha que vai te fazer só coisas boas. O axé é sempre bom. – Juntou as mãos com a castanha dentro, posicionou sobre a testa e falou algumas breves palavras inaudíveis. – Toma!

– Hum… Não sei...

– Olha, vou comer… Viu! Não tem nada demais. Vou fazer outra pra você. – Ela preparou secretamente outra castanha e me deu. – Toma, é de axé! – Eu continuava desconfiado da brincadeira, mas comi a castanha. O recheio era feito com um batom que ela guardava na mochila.

– Eca, Laura! É ruim!

– Hahaha! Te enganei! Você tem a mágica, eu tenho o truque, ué!

– Ah não! Que axé que nada, é só batom. – Falei enquanto ria e tirava os pedaços de castanha da boca.

Nesse momento ela parou de rir e, séria, me disse:

– É um truque, mas o Axé é sério. Tudo que a gente fala essas palavras é sério. Axé não é brincadeira.

Considerei curiosa a reação da Laura na brincadeira, no jogo de lógica (a mágica da moeda) que se misturava com imaginação. Um jogo de imaginação com a castanha que incluía elementos "mágicos", próprios do faz de conta infantil, onde elementos simbólicos são usados de forma livre. Para Wallon (1978), Vygotsky (1988) e Winnicott (1975), o brincar, faz de conta, é um caminho fundamental para o desenvolvimento infantil, e, de forma geral, organiza-se pela dimensão do real manifesta de maneira simbólica no imaginário.

Regina Pedroza explicita que, nos espaços do brincar, "a brincadeira assume um papel essencial porque se constitui como produto e produtora de sentidos e significados na formação da subjetividade da criança" (Pedroza, 2005, p. 62). Winnicott (1975, p. 18) traz a dimensão do simbólico em relação aos objetos. Para ele, o simbolismo só pode ser corretamente estudado no processo do crescimento de um indivíduo, e possui, na melhor das hipóteses, um significado variável. Já Safra (2007, p. 88), numa leitura psicanalítica, explica que alguns fenômenos escapam do registro psíquico, tal como os elementos míticos da vivência humana; para o autor, tratá-los neste registro não atenta para a complexidade da condição humana:

> Ao falarmos das imagens do divino que estão presentificadas na vida psíquica de alguém, podemos reconhecer que elas estão figuradas, sendo, portanto, parte do registro representacional do psiquismo humano. No entanto, a experiência do sagrado está para além do campo das representações, emerge em um registro não-representacional. [...] De um ponto de vista fenomenológico, pode-se assinalar que o sagrado acontece como experiência de alteridade radical. Ele ocorre como atravessamento e visitação. Assim sendo, o sagrado não decorre de uma subjetividade; ele atravessa a subjetividade (Safra, 2013, p. 94-95).

Na brincadeira com a Laura poderia propor uma outra percepção sobre a vivência das brincadeiras, balizada pelas discussões de Safra (2007, 2013, 2015), que agrega um outro elemento, posto que não se organiza estritamente no patamar do real e tampouco pode ser classificado como imaginário, já que diz respeito a ordem mítica ou do sagrado. A ordem religiosa apareceu no discurso das crianças em vários outros momentos, poucas vezes relacionados com momentos de brincadeira. Nesse sentido, poderíamos pensar que a atividade do brincar pode ter uma dimensão que extrapola a linearidade do subjetivo. Como resultado de um universo social a ser aprendido e ressignificado, o brincar aparece como ação de uma ordem não contemplada na dicotomia objetivo (real) x subjetivo (simbólico), própria da concepção ocidental de desenvolvimento infantil.

O professor José Jorge Carvalho retrata sobre segurança alimentar e redes comunitárias explicando o que seria a economia do axé: como, na visão do povo de santo, os produtos da grande indústria, em especial os alimentos industrializados, são objetos sem axé, que não podem ser oferecidos aos orixás, sua energia está comprometida pela própria natureza despersonalizada. O alimento com axé seria aquele que possui uma energia vital positiva, que pode ser oferecido às entidades, e somente é encontrado na rede econômica e social gerada em torno do povo de santo, o que é denominado de economia do axé (Carvalho, 2011, p. 38). Dessa forma, podemos ler a atuação da Laura sobre a castanha, entendendo que ela transformou a sua natureza vital. Pelo brincar, ela acessou e transformou elementos que transcendem a socialização e o aprendizado.

No segundo dia de aula, logo depois da roda do Bom Dia na hora do café, um aluno dos 4.º/5.º anos, que não estava presente no dia anterior, chegou todo vestido de branco e com a cabeça raspada. As crianças ficaram curiosas: "Olha o Higor!". A professora Adriana comentou comigo que talvez fosse interessante eu ficar na sua sala aquele dia para observar, me explicou que o Higor estava de preceito. Em sala, a Adriana logo percebeu que precisaria de um tempo para conversar com as crianças sobre o fato de o Higor estar de preceito. Primeira vez que eu entrava em sala, e fiquei na turma durante toda manhã. As crianças, agitadas com a novidade, conversavam, perguntavam, enquanto pegavam seus materiais e se acomodavam nas carteiras. A professora Adriana falou:

– Vocês devem estar curiosos sobre três coisas, três novidades: o Ernesto, que vai ficar hoje na nossa sala; o aluno novo; e o Higor.

Ela pediu para Daniel, aluno novo, que estava em seu primeiro dia de aula, se apresentar e dizer de onde era. Ele ajeitou os óculos e disse que vinha de uma outra escola. Depois ela pediu para que o Higor explicasse tanta novidade no corpo dele, ele explicou que estava de preceito, que teria que usar branco por alguns dias, não podia comer algumas coisas, que deveria comer com um prato e copo específicos, que não podia gritar nem correr, e que tinha que passar pelas portas virando de costas, mas ele achava mais fácil passar girando, e que "o melhor de tudo: não posso apanhar!", ele disse como quem tivesse se tornado intocável. Falou bastante das mudanças temporárias que o preceito impunha. A professora pediu para que ele explicasse um pouco mais, e ele falou que era da religião dele, disse que era "fazer a cabeça" para um orixá, e começou a dar detalhes da cerimônia. A professora Adriana interrompeu-o dizendo que algumas coisas não precisava expor muito. Ele disse:

– Igual o meu colar, que não posso expor, tem que ficar embrulhado com esse pano branco. – Referia-se a uma espécie de guia, um colar com muitas contas, que fazia parte do processo. Neste dia as crianças fizeram uma brincadeira de bater. Higor corria atrás das crianças e dava um pequeno tapa nelas, elas corriam, alcançavam Higor, mas não batiam nele, por causa do preceito. Ele comemorava e retomavam a brincadeira.

Nos dias que se seguiram em sala, sempre que o Higor começava a falar alto, as crianças lembravam-no de não gritar, que isso fazia parte do seu preceito. O primeiro dia do retorno de Higor à escola foi de muita curiosidade por parte das crianças, e os dias seguintes continuaram com muitas perguntas, fora e dentro de sala. A brincadeira e o diálogo se misturaram na tentativa de compreender o que significava aquele mundo de simbolismo que o Higor carregava no corpo, e para as crianças, os dois recursos (o diálogo e a brincadeira) foram fundamentais no processo de compreensão de tantas novidades apresentadas por ele.

Cabelo da Ana

O uniforme da escola é um *short* azul claro, no mesmo tom da gola e das mangas da camisa branca, que tem impressa, no canto esquerdo, o símbolo da escola, onde está escrito "Escola Policultural Odé Kayodê". É uma imagem de um arco e uma seta em posição de lançamento, "a lança do caçador", como dito por uma das crianças dos 2.º/3.º anos quando perguntei. Não há na Odé Kayodê uma obrigatoriedade do uso do uniforme, algumas crianças o usam completo, outras apenas a blusa, e outras, ainda, não cheguei a ver nenhum dia de uniforme. As crianças mais velhas, dos 4.º/5.º anos, especialmente as meninas, tinham escolhas estéticas muito diversas. Algumas usavam batom, roupas combinando, brilhos; algumas o cabelo preso de lado; outras com estilo *black* preso no alto; calças ou vestidos. O debate sobre cabelos era relativamente frequente. A Ana, uma menina dos 2.º/3.º anos, de pele branca e cabelo crespo, estava constantemente com o cabelo preso.

Numa terça-feira, um dos professores estava ausente, então a professora Adriana ficou com as turmas de 2.º/3.º anos e 4.º/5.º anos, dividindo em dois grupos para fazer uma atividade, ficamos em salas separadas, que têm acesso uma para a outra. Dispus-me a ficar em uma das salas auxiliando, e a professora Adriana aceitou. Enquanto faziam a atividade, conversavam sobre coisas diversas, um grupo de meninas começou a falar sobre cabelo. Sentei-me em uma das carteiras junto a elas. A Carla comentava: "Quem me dera ter o cabelo assim bem crespo, com esses cachinhos", referindo-se aos cabelos da Ana. Carla é uma menina branca, de longos cabelos lisos. Um discurso que encontrei durante todo o período do campo foi a valorização de algumas estéticas próprias da negritude, como os cabelos crespos, a cor da pele, as marcas de religiosidade africana. Ana respondeu que o cabelo dela já não tinha tantos cachos porque o seu pai havia alisado. As crianças perguntaram: "você não queria?", ela respondeu: "claro que não!". Na semana seguinte, em uma outra conversa sobre cabelo, essa na hora do lanche, perguntei à Ana por que não soltava o cabelo, ela respondeu que estava querendo que ele virasse uns *dreads*, soltou e me mostrou como algumas partes debaixo do cabelo estavam se *"dredando"*.

A diversidade estética é bastante valorizada no espaço da Vila, não só as crianças têm possibilidade de exercer estéticas variadas no corpo, como também o espaço físico, que é inundado de referências estéticas de várias ordens, e que fogem do padrão hegemônico de beleza e referência. O trabalho de referência e de valorização das culturas negra e indígena permeia quase todas as atividades em que as crianças participam: os mitos contados no *Ojó Odé*, o Afoxé, a Sacyzada, os debates em sala.

No primeiro dia na escola, a Micky pediu para eu me apresentar na roda do Bom Dia para as crianças, e explicar um pouco do meu trabalho. Contei que era uma pesquisa sobre relações étnico-raciais e que ficaria na Vila muitos dias, mais ou menos um mês. A professora Adriana falou "Ah, relações étnico-raciais! Legal". Uma menina perguntou: "O que é étnico? Racial eu sei o que é". A professora Micky explicou:

> A gente fala das raças, né? Mas na verdade existe só a raça humana, que é o que nos torna iguais, e as etnias que nos diferenciam. Então essa escola tem tudo a ver com essa pesquisa, pois ela é pluricultural (transcrição do diário de campo, 1 de agosto de 2016).

A antropóloga Seyferth (1995, p. 178) discorre que o conceito de 'raça' foi inventado no século XIX, no domínio da chamada "ciência das raças" produzida por antropólogos, psicólogos, sociólogos, filósofos, entre outros, cujo axioma classificava a humanidade em raças, afirmava a desigualdade entre elas, e a superioridade absoluta da raça branca sobre todas as outras. Souza (1983) entende que "raça" é uma noção ideológica engendrada a um caráter social, forjada em anos de reiteração da pessoa africana como escrava, assinalando assim o negro como raça, demarcando seu lugar, a maneira de tratar e ser tratado, a relação com o branco, relegado a uma condição social inferior. Entendendo, desse modo, que o termo "raça" se forja na história mais diretamente ligado à negritude, marcando sua distância dos outros grupos humanos, podemos afirmar que o conceito de raça é uma criação europeia, organizada pela ciência moderna na tentativa de classificar e dominar os povos, e, portanto, é colonial. Ainda assim, é desse pressuposto que as pessoas negras forjam e organizam sua identidade – nesse sentido, sendo quase não humanas, não gentes, como discorre Fanon (2008). Para Mbembe (2014, p. 19), o negro é, na ordem da modernidade, o único de todos os humanos cuja carne foi transformada em coisa, e o espírito em mercadoria – a cripta viva do capital.

Durante o tempo em que estive em campo não presenciei nenhum discurso sobre raça e etnia, além desse citado antes. O trabalho pedagógico, de forma geral, referenciava-se a uma marcação forte dos elementos da cultura negra, ações de valorização da estética negra pelo discurso e pela presença visual dessa estética em vários espaços. Notei que os momentos de discussão sobre o tema apareciam de forma diferente nas salas de aula, de acordo com a postura da educadora e educador que estivesse frente ao grupo. Nos 4.º/5.º anos, turma que passei a maior parte do tempo, a professora Adriana abria espaço para estas discussões sempre que possível. Ela é uma educadora formada em matemática, com especialização em etnomatemática, e tem uma relação de proximidade com o espaço religioso da Vila.

Uma das manhãs em sala, a professora Adriana comentou sobre a visita à Vila de uma professora do Instituto Federal de Goiânia (IFG), Ádria

Borges, que estuda questões raciais e o feminismo. Não sei exatamente como o diálogo começou, eu estava fora de sala neste dia, pois assistiríamos a um filme no Festival Internacional de Cinema e Vídeo Ambiental (FICA), que estava acontecendo naqueles dias em Goiás. Eu estava auxiliando na organização para a saída das crianças, que no primeiro momento fizeram atividades em sala. Passando em frente à sala da professora Adriana, ouvi o diálogo e entrei, as crianças falavam muito, trazendo suas opiniões ao mesmo tempo, portanto considerei prudente ligar o gravador. A professora Adriana explicou que a Ádria uma vez estava contando sobre sua experiência de assumir-se como negra:

> Adriana – [...], durante muito tempo da vida dela, ela foi obrigada, pela família e pela sociedade, a ter o cabelo liso. Mas o cabelo liso para quem tem o cabelo enrolado não é assim: – Ah! Acordei, vamos fazer uma mágica e vai ficar liso!
>
> [...]
>
> Flora – Quando eu solto meu cabelo, minha vó fala. Quando eu amarro meu cabelo, minha vó fala.
>
> Adriana – Ela fala o quê?
>
> Flora – Que é pra mim alisar meu cabelo, eu falo que não, que eu gosto dele assim. Aí vai, ela fala pro Iacã (irmão) cortar o cabelo dele, mas aí ele alisou, e ela falou "fala pra sua mãe te levar no cabeleireiro pra você cortar o cabelo". Aí vai, ele cortou o cabelo e ela falou que ficou feio! Eu não entendi!
>
> Adriana – Então, grande tava feio, depois alisou, tava feio, e curto do jeito que tava, tava feio? Isso?
>
> Flora – É!
>
> [...]
>
> Mariana – a minha madrinha, dizendo ela, tinha um cabelo enroladinho, daí a mãe dela alisou o cabelo dela, mas ela era negra e tinha olho azul, e ela falou que pra ser bem bonito ela tinha que ser branca e cabelo liso, loiro e olho azul.
>
> Adriana – E será que ela pensa isso porque falaram pra ela, ou porque tem muitas coisas que fazem a gente acreditar que pra ser bonito tem que ser assim?
>
> Carla – Porque tem muitas coisas... Os dois, tia.

> Adriana – É, os dois. Aí é um processo doído. A Ádria tava contando ontem pra gente que, quando ela decidiu que não ia mais usar química no cabelo dela, que ela ia deixar o cabelo dela enrolar. Ela passou por um processo muito doído. De não reconhecimento dela, de não conseguir olhar no espelho e se ver, e de entrar em depressão, de não querer sair de casa porque sofria com preconceito, com racismo e tudo. Depois a gente pode chamar ela aqui pra conversar com a gente, acho que ia ser bem interessante (transcrição de áudio, 10 de agosto de 2016).

Os trechos destacados do debate entre as crianças e a professora ajudam a pensar no percurso doloroso de tornar-se sujeito negro, saindo de condição social e histórica de não gente (Fanon, 2008). Já no início desse conto, Ana fala sobre como a ação do adulto, no caso seu pai, é imperativo no corpo da criança, ditando o modelo estético que deve seguir, ainda que ela estranhe ter que se submeter a um "não eu". Essa e outras dimensões ficam explícitas na fala da professora Adriana quando traz o relato de Ádria no processo de assumir o cabelo não alisado. Também no relato da Flora, criança dos 4.º/5.º anos, que conta da insatisfação da avó com o cabelo dos netos em todas as situações. Portanto, a construção identitária, dentro de uma perspectiva e horizonte branco, toma a subjetividade da pessoa negra de uma forma tal que não se reconhece como sujeito, e na tentativa de encontrar-se como tal, de firmar-se como pessoa, inicialmente (des)reconhece o não conhecido.

Neusa Santos Souza relata que, na tentativa de organizar-se pelo ideário branco, esta tensão define a identidade do sujeito negro por "uma estrutura de reconhecimento/desconhecimento" (Souza, 1983, p. 78). Portanto, a dor de saber-se como sujeito, sendo negro, reitera a dimensão do não lugar que a pessoa negra encontra no processo histórico de racismo. Ou seja, há sofrimento na tentativa de cumprir o ideário branco, e há sofrimento no movimento de assumir o identitário de negritude.

Achille Mbembe anuncia que, na lógica colonialista, só existe um negro se houver um senhor. Essa relação senhor/escravo impõe à pessoa negra um modo de se ver, e de ser visto, que é: aquele que ninguém desejaria ser, um sinônimo de subalternidade (Mbembe, 2014, p. 18-22). Somando-se a isso, Beatriz Nascimento afirma que o corpo é também memória, que "rosto e cabelo são marcas da raça social e política"; para ela, cada um tem o direito de fazer esta viagem de volta, de "olhar-se no espelho da raça e reconstruir sua identidade e seu corpo, na sua trajetória e nas rotas do povo ao qual se sente vinculado" (Ratts, 2006, p. 68). A afirmativa de Nascimento, observada pelo relato de Ádria, citado pela professora, "Ela passou por um processo muito doído, de não reconhecimento dela, de não conseguir olhar no espelho e se ver", traz a medida do penar deste percurso.

A escritora bell hooks[18] conta sobre seu processo particular de alisar o cabelo, explicando que era um ritual de intimidade da cultura das mulheres negras. Ela relata o encontro que esse momento promovia: "Para cada uma de nós, passar o pente quente é um ritual importante. Não é um símbolo de nosso anseio em tornar-nos brancas. Não existem brancos no nosso mundo íntimo. É um símbolo de nosso desejo de sermos mulheres" (hooks, 2005), completando, ainda, que essa vivência indicava que elas estavam se aproximando da condição de mulher. Portanto, considerando os relatos de Ádria e hooks, podemos entender que muitas vezes é na busca pelo identitário branco que as mulheres se encontram e se percebem como mulher, como se o modelo de feminino válido fosse unicamente o branco. Hooks reitera que a supremacia branca informa, e trata de sabotar, os esforços das mulheres e homens negros na construção de uma individualidade e uma identidade. A autora termina sua reflexão com a seguinte afirmativa:

> Em uma cultura de dominação e anti intimidade, devemos lutar diariamente por permanecer em contato com nós mesmos e com os nossos corpos, uns com os outros. Especialmente as mulheres negras e os homens negros, já que são nossos corpos os que frequentemente são desmerecidos, menosprezados, humilhados e mutilados em uma ideologia que aliena. Celebrando os nossos corpos, participamos de uma luta libertadora que libera a mente e o coração (hooks, 2005).

Uma manhã, na roda do Bom Dia, logo nos primeiros dias de aula, uma criança levou um arco e flecha para mostrar para as outras crianças, ele havia trazido de uma viagem que fez nas férias com a família. O objeto deu início a uma conversa sobre grupos indígenas e as crianças tinham várias referências e informações. A professora Micky falou sobre a estética dos grupos, sobre os desenhos, e explicou que essas características ajudavam a identificar cada grupo, e que cada desenho tem um significado. A Duda, do 1.º ano, falou que tinha visto umas mulheres indígenas no mercado. A Micky retomou uma conversa de algum momento anterior:

---

[18] Esta autora assina seu nome com letra minúscula, assim será mantido neste trabalho.

– Lembram do que falamos sobre indígenas e compras, essas coisas? E usarem celular, pode? – Ao que o André, dos 4.º/5.º anos, respondeu de pronto:

– Claro que pode, porque senão a gente nem podia usar a terra que era primeiro dos índios, e depois dos africanos. – Então o Mauro, aluno novo do 1.º ano, comentou:

– Não gosto de índios, eles caçam os bichos e matam para comer.

– É, eles se alimentam de caça – uma menina dos 4.º/5.º anos complementou.

– É... Os índios, eles são perigosíssimos – terminou o Mauro em voz baixa. Pude ouvir essa última frase, pois estava bem ao lado dele na roda. As crianças seguiram debatendo o que sabiam sobre diferentes grupos indígenas.

Em uma tarde de quarta-feira, nos dias em que geralmente acontecia a capoeira, estávamos nessa atividade. As crianças se empenhavam muito e tinham um bom repertório, tanto dos movimentos quanto dos toques no atabaque e no berimbau. O Pedro e a Michele, desde antes do início da atividade, ainda na recepção na estrada da Vila onde ficamos aguardando por alguns minutos a chegada do professor de capoeira, Gustávio, estavam se provocando. A Michele falava alguma coisa pra ele que eu não conseguia ouvir bem, ao que ele respondia franzindo a testa e com um empurrão, ela ria e empurrava de volta, às vezes ela dava língua, ele devolvia. Paravam e depois retomavam as brincadeiras provocativas. Uma das meninas, notando que eu observava atento a interação entre os dois, me disse que a Michele é apaixonada pelo Pedro e por isso ela fazia aquelas coisas. Na pausa para o lanche as provocações se intensificaram. Quando voltávamos para a atividade, a maioria das crianças e o Gustávio ainda não tinham chegado do lanche, estavam poucas crianças e eu, a Michele puxou a blusa do Pedro e ele se alterou dando um soco no braço dela, ela, com raiva, gritou:

– Seu preto fedido!

– E você, sua branquela nojenta!

André, que é um menino branco e estava presente, retrucou:

– Aí você tá me ofendendo, Pedro!

– Você não, André! Só ela, essa aí... meio café com leite – disse ainda raivoso, Pedro.

– Ah, sim – respondeu André.

O comentário de Mauro sobre a periculosidade dos grupos indígenas e essa discussão entre André, Michele e Pedro mostram quanto o racismo está enraizado, e mesmo num espaço com toda potência da Vila Esperança ainda é um barco (junto a outras naus, certamente) num mar de construções históricas opressivas. Ainda que esses espaços produzam a valorização e desmistificação cotidiana da cultura negra e indígena, são pouco suficientes para toda desconstrução necessária desse modelo hegemônico de pensamento, em especial para o processo de desenvolvimento das crianças. Souza (1983) completa, explicitando que os mecanismos ideológicos de construção de um ideário branco de sujeito permeiam de maneira inveterada os discursos que circulam nos meios familiares, midiáticos e escolares.

Jurandir Freire Costa fala sobre o ego branco, e a forma como ele está presente na formação e no imaginário dos sujeitos, explicita como o belo, o bom, o justo e o verdadeiro foram atrelados aos brancos. O branco, a brancura são os únicos artífices e legítimos herdeiros do progresso e desenvolvimento do homem. São a cultura, a civilização, a tradução do que chamamos de "humanidade". O racismo, portanto, pela repressão ou persuasão, leva o sujeito negro a desejar e projetar um futuro identificatório incompatível com a realidade de seu corpo, e de sua história étnica e pessoal. "Todo ideal identificatório do negro converte-se, desta maneira, num ideal de retorno ao passado, onde ele poderia ter sido branco, ou na projeção de um futuro, onde seu corpo e identidade negros deverão desaparecer" (Costa, 1984, p. 5-6).

A força que a fantasia do branco tem foi alimentada, e cultivada, e reproduzida por um conjunto de dispositivos teológicos, culturais, políticos, econômicos e institucionais. A fantasia do branco age a partir do fascínio pelos sinais públicos de privilégio. Esses privilégios implicam tanto a existência do corpo como a imagem, a linguagem e a riqueza. É próprio da fantasia procurar sempre se instituir no real enquanto verdade social absoluta (Mbembe, 2014, p. 86-87).

Portanto, pensar *práxis* que possibilitem outras existências, que se distanciem do imaginário branco como modelo de vida, demanda rever um longo e doloroso aparato de construção ideológico. A transformação da realidade só será possível se pensada tanto no plano objetivo quanto subjetivo, fazendo um árduo enfrentamento às práticas sociais existentes, a partir da produção subjetiva dos sujeitos e da historicidade dos fatos sociais: "Só haverá uma autêntica desalienação na medida em que as coisas, no sentido o mais materialista, tenham tomado os seus devidos lugares" (Fanon, 2008, p. 29).

Compreendo, nesse sentido, que, além de investidas que atuem na dimensão objetiva, da *práxis* cotidiana, na dimensão material, precisam ser articuladas conjuntamente com os espaços de reedição das produções subjetivas que se construíram ao longo da história.

Coisa de menino, coisa de menina, ou com quantas varetas se faz uma pipa

Em uma manhã, na educação infantil, as crianças estavam fazendo uma atividade de Dia dos Pais, a Inaê, que havia chegado há pouco tempo na escola, ainda estava em processo de adaptação com a movimentação constante de sair das atividades, ir até a porta, perguntar sobre o irmão; ela chamava atenção das crianças. Uma das meninas, enquanto desenhava compenetrada na pintura do cartão de Dia dos Pais, comentou sem levantar o rosto: "tem outra Inaê na escola, ela é mais velha", ao que a Inaê da sala respondeu em tom de desdém: "Mas ela usa cueca!" As crianças riram da afirmativa que se referia a uma menina de cueca. O Rafael falou rindo: "Menino de bilau de fora!" As meninas reagiram. "Que coisa feia que você falou, Rafael. Isso não é de Deus não!" comentou Tatiana, ao que Janaína completou: "É, o Deus não gosta disso". A professora que estava presente na sala não interveio no diálogo, que logo se dissolveu. Curioso como o certo e o errado, nesse caso referente à sexualidade, apareceu balizado pelo nome de Deus, numa perspectiva mais cristã. Foucault (1988, p. 128) cita que a sexualidade das crianças já era problematizada na pedagogia espiritual do cristianismo no século XV.

Numa pesquisa etnográfica voltada para escuta das crianças, para conseguir me aproximar e vivenciar com elas o cotidiano da Vila Esperança, como já dito, me propus a não ficar apenas no lugar de observador e a fazer, junto com elas, as atividades que eram propostas. Essa disponibilidade, e essa escuta voltada para as falas e cochichos das crianças, revelou-me um mundo muito curioso, onde muitas questões referentes a afeto, sexualidade, gênero e raça apareciam, coisas que não desfilavam no espaço social: quem gostava de quem, quem estava namorando, provocações e xingamentos, pactos de amizade etc.

As marcações de gênero apareciam em muitos momentos, especialmente quanto à afetividade, jogos sociais de namoro e relacionamentos. Um aspecto da Vila que chama a atenção é o fato de os banheiros não serem divididos entre meninas e meninos. Os banheiros de uso único não eram um espaço de encontro ou de experimentação como imaginei que poderiam ser, na medida em que percebi, no relato das crianças, essas questões tão latentes. Na Escola na Roça, entretanto, apesar de ter também banheiro de uso comum, há divisão de meninos e meninas nos quartos onde guardam suas coisas, e trocam de roupa. No momento da troca de roupa, as meninas, sempre que alguém abria a porta para entrar, diziam de forma frenética: "Os meninos! Cuidado! Eles vão vir espiar a gente!" Uma das meninas da educação infantil bateu no quarto dos meninos para pegar alguma coisa com o irmão mais velho. Os meninos, a princípio, disseram que as meninas estavam espiando eles, mas, com a intervenção do colega – "não, é só minha irmã!" –, eles se tranquilizaram. Essa marcação territorial de gênero só consegui observar no momento da Escola na Roça.

As formas como as crianças interagem entre si, na Roça e na Escola, são bastante diferentes, e explicitam o processo de construção identitária de gênero e da afetividade. As marcações sociais balizam o comportamento das crianças na direção dessa construção, isso fica evidente quando há uma marcação geográfica do espaço de meninas e meninos, que pode ser observada de forma explícita no momento da Escola na Roça. Na EPOK, e na Vila, isso não apareceu dessa forma, mas com outras marcações sociais, inclusive do momento etário para experimentação da sexualidade[19], que de alguma forma é um tabu para muitos pedagogos e educadores que trabalham com crianças.

Uma das crianças, o Luís, um dia, na hora do lanche da manhã, começou a colher tamarindo no quintal da Escola. Eu observava de longe, e ele me chamou para mostrar os tamarindos:

– Vem cá vou te mostrar uma coisa da Escola que você ainda não viu. Aqui tem umas frutas, é um lugar legal de conhecer.

– Vocês não vêm muito aqui, né?

– Não. Mas às vezes a gente tem reunião aqui das crianças.

– As professoras também?

– Não. Nem sequer sabem… Dizem que tem uma passagem secreta.

– Quem?

– As crianças.

– Passagem? Pra onde?

– Mas eu não sei de nada. Só participei duas vezes.

---

[19] Aqui me refiro à sexualidade como experimentação da afetividade entre pares, e seus desdobramentos e ditos sociais.

Tentei descobrir de que se tratava as reuniões, mas não consegui muitas informações. Pelo que compreendi se reuniam para falar coisas que não era adequado aos adultos saber. Novamente eu não era adulto nem criança. Outra manhã, na hora do lanche, peguei meu prato de comida e sentei-me no murinho, na parede de pedra, onde muitas crianças se sentam; às vezes conseguia participar das conversas, mas em outros momentos apenas observava, tentando não ser invasivo. Nessa manhã, especificamente as meninas cochichavam no ouvido umas das outras. O assunto parecia importante, pensei se me levantava, pois percebi que talvez estivesse sendo invasivo naquele momento. Estavam num grupinho de três meninas dos 4.º/5.º anos, chegou mais uma menina da turma, afastei-me um pouco para ela sentar enquanto todas continuavam seus cochichos, parecia que era sobre alguma delas estar gostando de algum garoto. Fingi que não estava ouvindo, mas me mantive ali. Algumas, já incomodadas com minha presença, disseram: "Vamos conversar sobre isso depois, na nossa reunião", "É, vamos". Lembrei-me da conversa com Luís, que contou sobre a reunião das crianças sem me dizer muita coisa. Supus que era dessa reunião que elas talvez estivessem falando.

A maioria das meninas dos 4.º/5.º anos frequentemente faziam conversas sobre namoros, quem gosta de quem, sempre de um jeito meio cochichado, e distante dos adultos/as, o que fez com que eu demorasse alguns dias para notar esta dimensão relacional entre as crianças. Comecei a perceber, portanto, que isso era frequente. Uma manhã, depois de uma atividade de dançaterapia com a turma de 4.º/5.º anos, na Vila Esperança, no Quilombo, o burburinho sobre namoros estava mais forte que o comum:

> Hoje está bastante forte a coisa de namorado. Escapa ao controle que os momentos de roda exigem, e os momentos de aula também. Na dançaterapia isso ficou muito evidente, talvez por ser um momento, ainda que direcionado, onde são solicitados a soltar-se. Entretanto, a energia de algumas crianças estava totalmente voltada para as questões afetivas (trecho do diário de campo, 11 de agosto de 2016).

A atividade de dançaterapia, apesar de ser no Quilombo, dentro do espaço da Vila, era sempre no período da manhã, mesmo com as crianças mais velhas. Naquele dia foi possível notar as questões referentes ao assunto, focado em um menino e uma menina, especificamente. Saímos do Quilombo e fomos para o parque. Chegando ao parque, ouvi boatos que Laura e Higor haviam se beijado. Algumas crianças estavam agitadas com o boato, outras diziam que iam contar para os professores, e havia toda forma de reação sobre a possível novidade. Uma das crianças levou o boato para os educadores presentes, um educador e uma educadora, que chamaram Laura e Higor para conversar ali no parque mesmo, e várias crianças se juntaram para ouvir. Disseram que isso não podia acontecer, que não tinham idade para isso. Ambos, apoiados por outras crianças, afirmaram que isso não havia acontecido, que era mentira das crianças. Após a confusão resolvida, ou seja, broncas dadas, as crianças voltaram a brincar, Laura ficou sentada em um canto do parque com algumas meninas, conversando, e Higor foi para a Praça Vermelha brincar com os garotos.

Poucos dias após o início das aulas, na hora do café da manhã, algumas crianças brincavam no pátio onde lancham. Leonardo, do 1.º ano, aproximou--se do Pedro dos 2.º/3.º, e, rindo, apontou para ele e disse: "Você está usando brincos?!" Ao que compreendi, os brincos do Pedro eram uma novidade naquele início das aulas. Sentei-me perto de onde estavam e fiquei acompanhando o diálogo. Pedro colocou as mãos nas orelhas, como certificando-se da presença dos brincos, deu de ombros e não respondeu ao Leonardo, que insistiu com uma sugestão tímida: "Deveria tirar!". A professora Adriana, que passava neste momento, notou sobre o que se tratava a sugestão do Leonardo e disse: "Ué, Leo, mas qual o problema com o brinco do Pedro?" Leonardo olhou para ela, depois olhou fixamente os brincos, olhando para ela novamente, como quem dissesse: "Você não vê problema?", mas não falou nada, ao que ela seguiu com a explicação: "Olha, Leo, você pode não gostar de brincos em meninos, mas, como o brinco tá na orelha do Pedro, é ele quem tem que gostar, né? E isso não te dá o direito de dizer o que ele deve ou não fazer". Leonardo ouviu, sem responder, deu de ombros e continuou brincando com o amigo sem nada mais comentar.

Continuei sentado e a Duda, uma aluna que havia chegado há pouco de férias, e que estava assistindo à cena, sentou-se ao meu lado e disse num tom quase de confissão sussurrado: "Eu também acho estranho o Pedro de brinco". Ouvi sem responder e ela insistiu: "Não é estranho?" Respondi no mesmo tom de confissão, sussurrando: "Hum. Eu acho bonito", e perguntei se ela já tinha visto outro homem de brinco. Ela encostou-se na parede de pedra onde estávamos sentados, deixou o olhar distante uns segundos, como quem tentava buscar na memória, e num leve sobressalto, levantando o dedo indicador, disse: "Ah! O professor Gustávio. Ele usa brinco". Fomos buscar mais uma xícara de leite com chocolate.

No dia do programa da rádio, em que as crianças gravaram uma entre-vista comigo, Leonardo estava lá. Era a criança mais nova de todas as presentes.

Logo no princípio, o professor Haroldo sugeriu que, quem quisesse, poderia pensar em perguntas, fazê-las pessoalmente ou entregar às entrevistadoras para deixarem "em ponto de bala", para começar a gravar. Leonardo logo disse que não tinha nenhuma pergunta a fazer, acompanhava o teste nos equipamentos, e optou por ficar deitado no tapete azul enquanto a gravação acontecia.

Aqui é importante retomar a apresentação desta publicação, quanto a minha transição de gênero, e lembrar que na data desta entrevista a minha identificação social ainda era enquanto mulher. Para facilitar a compreensão deste momento, e a reflexão que se segue, vou retroagir na flexão de gênero deste texto, que nesse trecho ficará no feminino.

A entrevista durou mais ou menos 30 minutos. Em dado momento, já no final, as meninas que estavam responsáveis pela entrevista perguntaram se eu era casada, ao que respondi que era casada com uma moça que escreveu um livro que elas conheciam, de título "Xi, pregaram uma peça no Sacy", e elas, animadas, continuaram as perguntas querendo saber se minha companheira era legal, e se meu filho gostava dela; se meu filho tinha pai. Após a minha resposta sobre com quem eu era casada, na euforia de novas perguntas das entrevistadoras, Leonardo levantou-se e disse: – Eu quero fazer uma pergunta. – Dirigiu-se até o microfone. – Por que você tem uma mulher como esposa?

– Hum. Essa é uma boa pergunta, Leo. Acho que a gente se apaixona pelas pessoas, às vezes do mesmo gênero, às vezes não. E eu me apaixonei por ela. – Logo surgiu um breve debate entre as crianças e Laura comentou:

– Igual a professora Adriana disse hoje de manhã lá na Escola, não importa se é mulher com homem, se é homem com homem, se é mulher com mulher, importa é o amor. É a população que vem com essa história de que tem que ser um homem e uma mulher pra ser casal, mas é o amor que importa.

– Mulher com mulher é... A minha mãe tem uma amiga sapatona, gosta de mulher e ela tem cinco filhos. – A Michele contou, ao que o professor Haroldo fez a seguinte análise:

– Michele, mas porque a gente tem que chamar sapatona? Se é um homem que é casado, ou namora com uma mulher, você não fala sapatão, não tem por que a gente criar nomes e criar rótulo para as pessoas. Uma pessoa namora com a outra, se é homem ou se é mulher isso não importa.

Logo a entrevista e o debate se encerraram pelo adiantado da hora.

O tema inicial de trabalho pedagógico na escola no início de agosto seria o vento, um tema transversal que perpassava todas as turmas e áreas do conhecimento. Como parte do cronograma de atividades, combinaram um passeio até a Praça do Chafariz, que fica a alguns metros da escola, e antes uma criança dos 4.º/5.º anos, Fábio, ensinaria para as outras crianças como fazer uma pipa. Um dia antes do passeio, na roda do Bom Dia, ele e um amigo explicaram a montagem das varetas, como amarra com a linha, depois a colagem do papel de pipa e a rabiola, atividade em que se focaram mais, pois uma das educadoras explicou que a Vila tinha ganhado várias pipas e que, por isso, não precisariam fazer todo o processo de produção, que a única coisa que faltava eram as rabiolas. Após a explicação do Fábio, as crianças foram tomar o café da manhã e, posteriormente, se distribuíram nas suas turmas para construir as rabiolas para as pipas. As crianças estavam bastante envolvidas, dando dicas de como fazer o corte das sacolas plásticas e a amarração da linha para a rabiola. Quando tinham dúvida, procuravam Fábio pela escola.

Neste mesmo dia, aproveitando o tema, em sala, a professora dos 4.º/5.º anos propôs a leitura de um texto chamado "A pipa, o menino e o vento". Assim que leram o título do texto, Fábio comentou: "Por que o nome desse texto não é 'Pipa, a *menina* e o vento'? Por que só menino?" A professora Adriana ressaltou a importância desse questionamento e chamou atenção para o fato de a escritora ser uma mulher. A Carla interrompeu: "Isso é racismo, né?" A professora disse que, no caso, isso poderia ser chamado de machismo, ao que Fábio completou, explicando que não é só menino que brinca de pipa, e que muitas meninas soltam pipa bem. Um outro menino comentou que, "antigamente, quando eu era criança", ele tinha uma boneca de pano. Iniciou-se uma breve discussão sobre coisas de menino e de menina:

> Adriana começou a explicar que aquela reflexão era muito importante, que a educação servia pra isso também. Citou o projeto de lei chamado 'escola sem partido'[20], perguntou se as crianças conheciam e disse que este projeto criaria uma lei para proibir as professoras de falar sobre outras coisas que não fosse só matéria, como discutir gênero, que ela até poderia ser presa por aquela discussão com este projeto aprovado:

---

[20] O Programa Escola sem Partido é um projeto de lei que está em tramitação no Congresso Nacional, e pretende regulamentar as práticas dos educadores, pressupondo que "professores e autores de livros didáticos vêm-se utilizando de suas aulas e de suas obras para tentar obter a adesão dos estudantes a determinadas correntes políticas e ideológicas; e para fazer com que eles adotem padrões de julgamento e de conduta moral – especialmente moral sexual - incompatíveis com os que lhes são ensinados por seus pais ou responsáveis" (Projeto de Lei n.º 867, de 2015).

"eles querem que a gente pense que todas essas coisas sobre gênero são normais, que são assim mesmo" (trecho do diário de campo, 4 de agosto de 2016).

Fábio, ouvindo sobre as ressalvas da professora Adriana quanto ao projeto de lei, exclamou: "Mas isso nem faz sentido! A gente precisa debater as coisas pra aprender", ao que outras crianças concordaram e retomaram a atividade de leitura do texto. Mesmo considerando os espaços de debate e as possibilidades de questionamento dos modelos hegemônicos estabelecidos, as marcações de gênero aparecem em muitos momentos na Vila Esperança, e os estereótipos do lugar do feminino são bem marcados. É possível perceber, na lida das crianças com elementos culturais em torno do ser feminino e masculino, um processo de construção identitária, que aparece nas brincadeiras de faz de conta, nas conversas guardadas em segredo, nas marcas estéticas. Os lugares estritos do masculino e do feminino são construídos e reorganizados no processo social, histórico e político. Nesse sentido, compreendendo que as várias culturas não ocidentais possuem suas próprias ontologias e organizações sobre a produção/surgimento das identidades de gênero, e sexualidade.

Portanto, é relevante pontuar algumas outras concepções sobre esta temática, como a de Beauvoir (1967), que discorre a respeito da construção do feminino, e de como essa construção é organizada histórica e culturalmente, e se relaciona com diferentes dimensões de poder. Numa outra perspectiva de construção de gênero, a antropóloga Lépine, nas pesquisas antropológicas a respeito da religiosidade afro-brasileira, debruçou-se sobre a descrição dos orixás, e faz a seguinte definição sobre Logun Edé, quanto à organização de gênero dessa divindade, que é "mulher durante seis meses, vivendo na água, durante [os] seis outros é homem vivendo no mato, de caça; é, portanto, uma divindade ligada ao mesmo tempo às águas doces e à floresta, um pescador e um caçador ligado à prosperidade" (Lépine, 1978, p. 253).

A teórica feminista Oyeronke Oyewumi, em sua conferência Desaprendendo as Lições da Colonialidade: escavando saberes subjugados e epistemologias marginalizadas, feita na Universidade de Brasília, em outubro de 2016, falou sobre a necessidade de descolonização da perspectiva de gênero, já que a própria terminologia surge da colonialidade do poder. Para ela, o próprio termo "feminismo" para as mulheres negras e africanas deveria ser revisto, em sua terminologia e em sua ética. Ela chega a sugerir termos como *oxunismo* ou *mumbismo*. Cita, em sua conferência, que, para as yorubás, a maternidade não tem gênero. Oyewumi (1997) afirma ainda que, no período anterior à invasão, escravização e diáspora, a língua yorubá não possuía palavras específicas de gênero, não tendo referência a palavras como filho, filha, irmão ou irmã. Não existia a concepção de "um tipo humano original (o homem, genérico) a partir do qual outro tipo poderia ser mensurado (o feminino, particular)" (Segato, 2003, p. 337). Os nomes yorubás também não eram específicos para cada sexo. Ela afirma que o conceito de "mulher", central para a ideologia ocidental, biologicamente determinista, e para os discursos sobre gênero, simplesmente não existia na cultura yorubá, pois os papéis sociais não se fundamentavam nas diferenças biológicas.

Na mesma direção, a estudiosa María Lugones (2014) afirma a inexistência do gênero no mundo pré-colonial, ponderando que os sujeitos colonizados eram afastados até mesmo da condição de humanos, e que a identidade faz parte de um conjunto de possibilidades subjetivas que são dadas pela modernidade apenas para o grupo compreendido como gente:

> A transformação civilizatória justificava a colonização da memória e, consequentemente, das noções de si das pessoas, da relação intersubjetiva, da sua relação com o mundo espiritual, com a terra, com o próprio tecido de sua concepção de realidade, identidade e organização social, ecológica e cosmológica. Assim, à medida que o cristianismo tornou-se o instrumento mais poderoso da missão de transformação, a normatividade que conectava gênero e civilização concentrou-se no apagamento das práticas comunitárias ecológicas, saberes de cultivo, de tecelagem, do cosmos, e não somente na mudança e no controle de práticas reprodutivas e sexuais (Lugones, 2014, p. 938).

Segato traz outra perspectiva sobre a dinâmica da atuação do conceito de gênero em seu texto "Gênero e colonialidade", que nos auxilia nesta reflexão traçando brevemente o que ela chama de "pré-história patriarcal da humanidade", onde ressalta a existência do gênero, porém de forma diferente da que assume na modernidade. Para a autora, a colonial modernidade, ao inserir-se nas aldeias, espaço do qual trata em seus escritos, atinge a organização interna da divisão de gênero de forma a fragilizar as tramas comunitárias existentes. Ela afirma a existência da diferença entre homens e mulheres, mas que não aparecia de maneira subjugada:

> [...] se sempre existiu uma hierarquia no mundo da aldeia, um diferencial de prestígio entre homens e mulheres, também existia uma diferença, que agora se vê ameaçada pela ingerên-

cia e colonização pelo espaço público republicano, que difunde um discurso de igualdade e expele a diferença a uma posição marginal, problemática – o problema do "outro", ou a expulsão do outro à condição de "problema". Essa inflexão introduzida pela incorporação à égide, primeiro, da administração colonial de base ultramarina e, mais tarde, à da gestão colonial estatal, tem, como o primeiro de seus sintomas a cooptação dos homens enquanto classe ancestralmente dedicada às tarefas e papéis do espaço público com suas características pré-intrusão (Segato, 2012, p. 15).

Para tratar do processo de desenvolvimento e constituição psíquica, é fundamental tocar aspectos como construção identitária de gênero e sexualidade, considerando, inclusive, que esse foi um tema que esteve presente em várias situações e narrativas das crianças durante a pesquisa. Nesse sentido, e considerando que os atuais padrões sexistas são parte de um modelo colonial de pensamento que baliza a sociedade moderna, é importante pensar outras perspectivas de compreensão em torno da temática. Considerando essas outras perspectivas sobre sexualidade, podemos afirmar que a identidade de gênero e a orientação sexual, apesar de tratadas como aspectos distintos, em especial pelos discursos mais recentes, não são, inicialmente no aspecto da constituição psíquica, duas coisas tão diferentes, em especial no processo de desenvolvimento. Simone de Beauvoir pontua a dimensão social da experiência infantil de sexualidade e descoberta do mundo:

> Somente a mediação de outrem pode constituir um indivíduo como um *Outro*. Enquanto existe para si, a criança não pode apreender-se como sexualmente diferençada. Entre meninas e meninos, o corpo é, primeiramente, a irradiação de uma subjetividade, o instrumento que efetua a compreensão do mundo: é através dos olhos, das mãos e não das partes sexuais que apreendem o universo (Beauvoir, 1967, p. 9).

No texto dos *Três ensaios sobre a Teoria da Sexualidade*, de Freud (1976), a infância é um período no qual ocorrem as investigações sobre a sexualidade. Ela se constrói em todas essas dimensões, na experimentação do próprio corpo e, posteriormente, nas investidas sociais, entre pares. No processo de construção da identidade de gênero, as crianças fazem exercícios de estranhamento das normas e das antinormas. O brincar, ou o jogo de papéis, tem uma função fundamental nesse processo. Benjamin (2009) demonstra que a brincadeira é permeada por traços culturais de gerações anteriores, ante os quais a percepção infantil se confronta. Portanto, o fato de ter acontecido um suposto beijo entre Laura e Higor, inclusive envolto na narrativa das crianças, sobre namoro, processos afetivos, poderíamos ler também como parte do exercício de experimentação do mundo social.

No processo de constituir-se como sujeito, a sexualidade e a ideia de gênero têm papel fundamental no discurso, uma vez que são dimensões da história humana moderna intrinsecamente relacionadas com o paradigma do poder (Foucault, 1988). Esses aspectos aparecem nas experimentações, brincadeiras e questionamentos. As crianças trazem construtos, ideias sobre o uso do brinco em meninos, e do relacionamento entre pessoas do mesmo gênero, por exemplo, como fez Leonardo na interação com o amigo que usava brinco. Posições essas que estão colocadas no mundo, na cultura. Para Benjamin (2009), o espaço da infância tem potência transformadora desses significados. Portanto, poder ter espaço de interlocução sobre os tabus e construções morais é fundamental para que as crianças possam reeditar sua própria cultura e história. Freud (1988) assume que as medidas de controle utilizadas pela educação para suprimir a energia sexual são ineficientes, uma vez que tentar limitar a ação da pulsão sexual não seria um esforço válido, pois de uma forma espontânea a latência já teria como função restringir o fluxo da pulsão e fazer emergir o sentimento de vergonha, os ideais estéticos e morais, entre outros. O autor destaca, ainda, que as estratégias de controle educacionais direcionadas à sexualidade são severas e produtoras de neurose.

Portanto, podemos conceber as questões sobre gênero e sexualidade como parte de um grupo de valores estéticos e morais, que são construtos sociais complexos. Para Foucault, a sexualidade "é o conjunto dos efeitos produzidos nos corpos, nos comportamentos, nas relações sociais, por um certo dispositivo pertencente a uma tecnologia política complexa" (Foucault, 1988, p. 139). O autor explicita como a sexualidade é uma construção sócio-histórica, uma invenção e, como tal, inseparável do discurso e do jogo de poder dentro dos quais ela é constituída.

Coisa de Sacy

Desde o início do processo de escrita tive que lidar com todas as narrativas sobre o Sacy ocorridas no campo, ficou óbvio para mim que teria que falar sobre ele e temi: será que o Sacy vai gostar desta história, do jeito que vou falar dele? E se ele fizer um redemoinho e sumir com os arquivos que estou escrevendo? Vou começar pedindo licença para o Sacy, e avisando que tenho uma garrafa com rolha bem aqui do lado, então se comporte! Obrigado.

No primeiro dia de aula, cheguei à Escola e muitas crianças estavam na Praça do Sol, em torno de 10 crianças, algumas sentadas no parapeito amarelo, apoiando suas mochilas e conversando, outras mostravam algumas cartas de Pokémon ou outros objetos, algumas, ainda, estavam sozinhas e observando. A professora Micky estava recebendo as crianças, cumprimentando-as e perguntando sobre as férias, sobre pessoas da família pelos nomes delas, e parecia conhecer bem a dinâmica particular de cada criança. Um menino de 7 anos olhava atento os desenhos nas pedras do muro, passava a mão com cuidado, sentindo o relevo, corria de um lado para o outro, parava, olhava as crianças, tentava ouvir a conversa de todas elas ao mesmo tempo. Era o Mauro, e esse era seu primeiro dia na EPOK. Identifiquei-me com a euforia, e com a sensação de que meus ouvidos e olhos estavam tentando estar em tudo e em todos ao mesmo tempo. A Micky conversava com algumas crianças e comentou algo como: "Isso é coisa do Sacy". Mauro e eu ouvimos, e ele comentou, de pronto: " Sacy não existe!". Ao que a Micky respondeu: "Ué, Sacy existe sim". Ele deu de ombros para continuar na sua intensa observação e exploração.

As fitas coloridas que ficam à entrada da escola, na porta da Sala Passaredo, estão sempre em interação com o vento, as crianças e adultos responsabilizam o Sacy sempre que as fitas balançam mais forte. O Sacy é um personagem que está o tempo todo nos vários espaços da Vila. Ele está presente em diversos momentos, e para além de suas travessuras, já tão conhecidas, o Sacy pode ser lido como um personagem que traz muitas reflexões, ou, se ele achar melhor, menino-moleque que bagunça nosso pensamento. O conto radiofônico *O Sacy na Vila Esperança*, produzido por Adriana Campelo e dirigido por Haroldo Campelo, educadores da EPOK, foi um dos 52 vencedores do edital Nossa Onda, do Governo Federal, em 2011. Nele, o Sacy é personagem de uma história que nos ajuda a compreender a presença desse ser no espaço da Vila e, ao mesmo tempo, a posição da Vila em relação à história de Goiás.

> Eu vou contar *procê* a história de um Sacy, acontecida no interior de Goiás, quando essa terra era morada dos índios Goyá. Vivia na Serra Dourada um Sacy, ser encantado de uma perna só, que nasceu num pé de pequi. Não se espante

não, Sacy goiano nasce é num pequizeiro[21]. Sacy gostava de brincar com *os menino* dos goyases, aprendeu a tocar maracá e a fazer festa. Um dia, Sacy avistou gente *deferente* e um homem que ele não gostou, era Bartolomeu Bueno e os bandeirantes. Sacy gritou: "Anhanguera!" e caiu no mundo, sumiu no cerrado afora. A *geriza* que o moleque sentiu não era à toa, *os bandeirante tava* atrás de ouro, o velho ameaçou os índio, tocando fogo na cachaça e dizendo que ia fazer o *mermo* com o Rio Vermelho. Como aquela gente não conhecia álcool, pensaram que era *mermo* água. A partir dali, o apelido que o Sacy deu, pegou, e Bartolomeu Bueno passou a ser conhecido como Anhanguera que significa "diabo *véio*". Entre a Serra Dourada e o Rio Vermelho, nasceu o Arraiá de Santana, que depois seria chamado Vila Boa e hoje em dia é a cidade de Goiás, que foi *capitar* antes de construírem Goiânia. Na exploração do ouro, tentaram escravizar *os índio* e muitos foram mortos. Daí, pessoas foram roubadas de suas terras na África e trazidas pra cá para *trabaiá* de escravos. Reis e rainhas foram humilhados, tratados como *bejetos*, mas os negros não perderam sua maior riqueza: a força da cultura. [...] *Os anos andou* ligeiro e muita coisa *deferençou*, ergueram Goiânia, e Goiás ficou *bandonada*, *inté pilidaram* ela de Goiás *Véio*. Os sonhos adormeceram na preguiça e na falta de ânimo. As crianças já não conheciam maracá e nem *os tambor* africano. Sacy nem percebia, mas tava andando em *duas perna*, usando *carça*, camisa, tinha se tornado um menino normal. Às vezes fica na Praça do Chafariz, ele é feliz, assim como a maioria das pessoas acha que são. Só que, no fundo, ele sente um vazio, uma *precisança*. Sente falta de um tempo que não *exeste*, sente *sodade das coisa* que não se *alembra*.

– Uai, quê isso? – Um cortejo afro cruza a Praça do Chafariz. É o afoxé que encanta o menino. Quando ele vê, já *tá* no meio do povo.

– Ei, menina, que lugar é esse?

– É a Vila Esperança. O Afoxé Delê sai daqui todos os anos pra encher as ruas de Goiás de cor, de alegria e de Axé. Já é noite, mas volta amanhã, que eu te mostro *tudinho*.

– Combinado. Qual o seu nome?

– Dandara. E você?

---

[21] Originalmente, segundo as crianças da Vila, o Sacy nasce no bambuzal. Elas me relataram que sempre que a gente escuta um bambu estalar, é um Sacy nascendo.

– José Pereira. Mas a molecada me apelidou de Pererê.

– Gostei de Pererê! Olha, eu tenho que ir, mas a gente se vê amanhã.

Naquela noite, José Pereira nem dormiu direito, ficou imaginando como é que seria lá dentro da Vila Esperança, um lugar mágico, cheio de aventuras.

– Bom dia, Pererê. Vamos entrar?

– Uau! Que lugar lindo! Não dá pra saber onde começa a natureza e termina as construções.

[...]

No *Iluayê* viu a capoeira e começou a se alembrar de alguma coisa perdida. Pererê brincou no parquinho, correu no campinho o menino *táva* feliz que só *veno*. O que ele sentiu é parecido com o que a gente tem quando a gente vê alguém que gosta, mas não vê faz tempo.

– Essa é a aldeia da Vila Esperança, na Oca Poranga tem a vivência indígena, o Porancê Poranga.

– Parece que eu conheço isso...

O som do maracá *dispertô* sentimentos adormecidos. Naquela roda o moleque não sabia mais o que era princípio ou fim. O que era real ou mágico. O mundo tava girando com a roda do *porancê*. Carrossel do tempo. Um brilho mágico tomou conta do moleque e o *redimuinho* tirou ele do chão: o gorro vermelho na cabeça, uma perna só – O Pererê!!! É um Sacy! – Nuvens de alegria tomaram conta da Vila Esperança, o Sacy tinha *vortado* a ser ele *mermo*. Dizem, que pras banda da Vila Esperança, inté hoje a meninada vê Sacy, Iara e Curupira, e é por isso que por lá acontece a Sacyzada, que junta Sacy de *todas idade* e todos *lugá*, *inté* você que às vezes anda se esquecendo de ser Sacy (transcrição de áudio, Campelo & Campelo, 2011).

Analisando o texto, que também foi ao ar na Rádio da Vila, podemos pensar no Sacy como um elemento desaparecido no processo de colonização, um encantado, um ser da mata que, antes da chegada definitiva dos bandeirantes, só de avistá-los, prevê o Anhanguera ("diabo *véio*"). Nesse conto, o Sacy se reencontra com sua história, com sua identidade quando tem a possibilidade de vivenciar práticas do seu povo. No conto, o Sacy se reencontra nas práticas da Vila, e esse mesmo lugar se redescobre quando "Nuvens de alegria tomaram conta da Vila Esperança, o Sacy tinha *vortado* a ser ele *mermo"*. Aqui, há uma mistura entre o lugar e o Sacy que dá a dimensão de como as aparições dele são espectro da memória, de um ser que desrespeita as normas para poder lembrar a gente de quem somos.

Quando retornei à Vila, no meu segundo momento lá, as crianças dos 4.º/5.º anos haviam feito uma atividade sobre o Sacy, vi que em alguns cadernos estava escrito Saci e em outros Sacy, com "y". Perguntei à Carla, dos 4.º/5.º anos, por que estavam escritos diferentes, qual era o jeito certo. Ela me respondeu que os dois eram certos, mas que Sacy com "y" era como os indígenas escreviam originalmente. Optei, neste trabalho, pelo Sacy com "y", uma vez que esse personagem traz também dimensões de história, de origem, de memória, que debateremos aqui. A atividade em questão era um texto livre, que tivesse como personagem o Sacy, e as crianças criariam qualquer história. Havia histórias de todo tipo até do Sacy que foi para o planeta Marte. Um dos trabalhos intitulado "Sacy sem Gorro?", escrito pela Inaê, contava a história de um Sacy, Matinta Pererê, que tinha nascido sem gorro, o gorro vermelho, ou seja, sem poderes. O cacique tentou ajudar levando Matinta para treinar pulos, rodopios e travessuras, mas Matinta caía, não conseguia fazer um redemoinho e nele foi nascendo uma segunda perna. No final do texto, o cacique morre e aparece um gorro vermelho, "que foi como um ímã" para a cabeça de Pererê.

O texto da Inaê traz um pouco a dimensão da ancestralidade e de como o imaginário do Sacy permeia as várias dimensões da história, da comunidade, dos sujeitos e da memória. Não à toa que a "ausência de poder" se dá exatamente na ausência do gorro vermelho. Beatriz Nascimento usa o termo ôrí para falar da relação entre intelecto e memória, entre cabeça e corpo, entre pessoa e terra, correlação adequada para se interpretar as possibilidades de reconstrução de si, como parte de uma coletividade (Ratts, 2006, p. 63). Aqui podemos retomar a fala do Robson, na entrevista citada no início deste trabalho, quando diz que "a gente foi treinado pra cuspir no próprio espelho, a ver uma imagem da gente mesmo e não se reconhecer nela ou achar que ela não é correta, não é a melhor, não é a que devia". Frantz Fanon, de alguma forma, reitera essa fala quando assinala sobre como a civilização branca e a cultura europeia "impuseram ao negro um desvio existencial" (Fanon, 2008, p. 30). Por mais que o Sacy Matinta tenha nascido sem a potência do Sacy, com uma suposta deficiência, que poderíamos pressupor inata, no texto da Inaê, entretanto, o que marca a falta de poderes mágicos é a ausência do gorro vermelho na cabeça, algo não biológico.

Tanto o texto da Inaê quanto o conto do Sacy, gravado na rádio, trazem uma dimensão da memória como recurso de construção identitária fundamental no processo de subjetivação e desenvolvimento dos sujeitos. No espaço da Rádio da Vila, as crianças têm muita possibilidade de escolher e debater temas que lhes despertem curiosidade. Em um dos dias que tivemos gravação na rádio, o programa escolhido foi sobre caçar Pokémons, tema em voga entre crianças e adolescentes. Perguntaram e responderam sobre o aplicativo de celular, contaram histórias que "ouviram por aí" de pessoas que se machucaram e foram atropeladas porque andavam na rua olhando para o celular enquanto tentavam encontrar algum Pokémon. Depois da gravação, na hora do lanche da tarde, a Inaê, dos 4.º/5.º anos, iniciou um diálogo com outras duas crianças dos 2.º/3.º anos:

– É mais fácil caçar Sacy ou Pokémon?

– Sacy, né?

– Por quê?

– Porque Sacy existe de verdade e Pokémon não.

– Ah, mas Pokémon existe de outro jeito.

– É, mas Sacy é mais difícil de caçar, tem que pegar uma peneira, uma garrafa e uma rolha. Pokémon precisa só de um celular.

– Mas não é fácil, né?

Esse diálogo comparativo entre Sacys e Pokémons mostra a equidade do pensamento quanto à existência dos dois seres. Ambos receberam pelas crianças o status da existência a despeito das distintas formas de existir, extrapolando a dicotomia existência/não existência. A potência de transitar pelas inúmeras possibilidades de existência pode ser lida como caminho de construção de uma memória autônoma. A presença do Sacy articula corpo, memória e existência como elementos constituintes da formação subjetiva, superando a dicotomia corpo-mente (memória) e trazendo a importância da crença/fantasia/imaginário para a constituição da subjetividade, sobretudo uma subjetividade que foi colonizada.

"Por que um Orixá precisa de uma bandeja de doces só pra ele?"

Na primeira semana em que estava na Vila, Rafael, uma criança da educação infantil, estava fazendo aniversário. Foi a primeira vez que ouvi cantarem parabéns. Estávamos na roda do Bom Dia, quando avisaram a todos sobre o aniversário, chamando para cantar parabéns. Era uma música com melodia diferente da que comumente cantamos e com letra em yorubá. Eu batia palma, que também tinha um ritmo de batida diferente, enquanto tentava entender alguma coisa, me sentindo tomado pela sonoridade. Nem notei quando a Carla, dos 4.º/5.º anos, se aproximou de mim notando que eu estava perdido e informou:

– É yorubá.

– O quê?

– A letra da música, é em yorubá.

– Ah! Brigado.

Penso que a data comemorativa de 25 anos da Vila resume alguns aspectos relevantes da perspectiva de partilha que o espaço da Vila traz para a comunidade. Foram alguns dias de festa e preparação de atividades, dentro e fora do espaço comumente utilizado pela Associação. No último dia de festa de celebração do aniversário de 25 anos da Vila, que era também o meu último dia em campo, fizeram uma festa na rua que fica em frente à Vila e à Escola, montaram duas tendas grandes com barraca de comida e bebida. O Robson, antes de chamar a comunidade para cantar junto os parabéns, fez uma breve tradução, explicando o que aquela canção significava:

> É assim que começa a primeira frase: "a gente canta não é com a boca, a gente canta é com o coração, com o que vem lá de dentro. / Companheiro Vila Esperança, nosso companheiro na caminhada para Deus, para o divino, na caminhada para aquilo que é maior que o nariz da gente, pode chamar do que quiser / Que todas as bênçãos desçam sobre nós, sobre você que é o dono do dia / vamos lá." Esse é o parabéns africano Yorubá que a gente canta na Vila (transcrição de áudio, 15 de outubro de 2016).

A interpretação, tradução da letra colocada pelo Robson trazem a dimensão de uma celebração que vai além do aspecto individual e traz a relevância da coletividade na celebração da vida. A canção inicia-se anunciando que a/o aniversariante está conosco em uma caminhada, tendo como horizonte comum "Deus", mesmo que na individualidade este horizonte se apresente de maneiras variadas em cada sujeito. É a celebração de um caminho na diversidade, no respeito à individualidade, mas que se estabelece na partilha comunal do andar. E, mesmo quando se desejam as bênçãos para quem aniversaria, a coletividade é lembrada: "que todas as bênçãos desçam sobre nós". Mbembe (2014) pontua sobre como o pensamento europeu organizou a concepção de identidade "não em termos de pertença mútua (co-pertença) mas na relação mesmo com o mesmo" (p. 10), na hipervalorização da ordem unitária de identidade. Entretanto, as celebrações de aniversário da Vila nos ajudam a compreender quão fundamental é a comunhão na constituição permanente dos sujeitos, transcendendo a linearidade na constituição subjetiva, entendendo a possibilidade de ser gente no dinamismo da vivência comunal.

Sempre depois da aula, às quartas-feiras, crianças e famílias que partilham da crença religiosa, iam para a Vila, vestiam uma espécie de túnica de um tecido marrom claro e vinho, estampado com figuras sem uma forma específica. As mulheres geralmente com um turbante na cabeça, e os homens com um chapéu de pano, ambos do mesmo tecido. Às quartas de tarde, quando chegávamos após o almoço para as atividades na Vila, as pessoas que haviam participado do Amalá estavam encerrando as atividades, e era possível encontrá-las ainda com as vestes próprias para a atividade. Na primeira semana em que estive na Vila, perguntei o que era o Amalá para Laura, e ela me explicou dizendo que era um almoço que talvez eu pudesse ir. Comentei com a professora Adriana sobre o Amalá e ela disse que era uma atividade fechada, e que eventualmente havia algum convidado. Compreendi como um espaço de culto reservado. Comecei a investigar como as crianças compreendiam aquele momento, o que na proposta etnográfica que me propus, de escuta da perspectiva infantil, faria muito mais sentido do que necessariamente participar daquele momento. Na hora do lanche, peguei meu prato e me sentei perto da Michele, que estava na mureta sozinha e perguntei:

– Você sabe me explicar o que é o Amalá?

– Não sei. Não sou mais dessa religião.

– Mas você já foi?

– Já fui com minha mãe. Ela ia sempre. Mas agora ela começou a fazer faxina e não vai mais.

– E como é?

– É lá na Vila. A gente fica do lado de fora, vai pra cozinha e fica assim – fez uma posição, como de joelhos – tipo de castigo, sabe? E depois canta umas músicas e comemos, mas comemos com a mão, não com talher.

A Inaê, a Carla e a Flora, todas dos 4.º/5.º anos, se aproximaram neste momento e perguntei se elas conheciam o Amalá. Não souberam responder, sabiam que se referia a almoço, mas não sabiam exatamente o quê, e a Carla disse: "a tia vai saber" e correu para perguntar à professora Adriana, voltando com a informação:

– É uma comida de jiló.

– Só? – A Flora estranhou.

– Não é isso! – Inaê tentou explicar.

– Não? – perguntou novamente a Flora.

– É isso, mas não é isso.

– Como?

– É isso, mas tem mais coisa. – Inaê balançou a mão indicando algo sobre religiosidade e dando a entender, pelo gesto e pela fala, que havia um limite no que poderia ser dito.

– Ah... – disse Flora, num tom de quem havia compreendido o recado.

Eu agradeci a elas, e logo estava na hora de voltar para a sala.

À medida que fui explicando para as crianças o que era a minha pesquisa, e que fomos traçando diálogos, elas se sentiam mais confortáveis e foi possível perceber, a partir do discurso, a forma como compreendiam e lidavam com a realidade e suas concepções sobre o espaço da Vila. Entretanto, fui aos poucos percebendo que, a despeito da criação de vínculo e do cuidado que procurei ter nas aproximações, algumas informações continuariam restritas.

Certa tarde, estava com as crianças na Vila, voltando da atividade de Samba de Roda e Capoeira, na hora do intervalo para o lanche, passando pelo Caminho Inca, que desemboca no Caminho dos Ancestrais, em direção ao refeitório. Lucia estava colocando algo ao pé de uma árvore pequena, que ficava próxima à passagem e que tinha uma pequena cerca de metal em volta, ela cumprimentou a todos nós, enquanto seguíamos para o lanche, perguntei à Laura que árvore era aquela. Mais me chamou atenção uma árvore guardada por uma cerca (e pressupus que ela talvez fosse uma espécie rara ou coisa do tipo), e menos o que a Lucia estava fazendo. Laura respondeu que era alguma oferenda, e antes que terminasse de explicar, enquanto eu tentava reorganizar a pergunta, que era sobre a espécie de árvore e não sobre a atividade da Lucia, o Pedro, que estava logo à frente, ouviu a conversa e se virou para a Laura dizendo: "Você não pode dizer essas coisas pra ele!

Ele não é da religião!" Interrompi, explicando que não queria saber sobre o que a Lucia estava fazendo, mas sobre qual era o tipo de árvore. A Laura voltou correndo para perguntar à Lucia qual era aquela árvore, e o Pedro se afastou desconfiado. Essa situação novamente me fez perceber que há uma necessidade legítima de preservação, não só do espaço físico, mas também do espaço simbólico, que era guardado pelas próprias crianças em suas dinâmicas, e que, a partir de suas vivências, elegiam o que poderia ou não ser dito a mim.

Retornei à Vila Esperança no início de outubro para o aniversário de 25 anos, uma série de eventos comemorativos estavam programados para aquela celebração. O espaço estava agitado e muitos apoiadores estariam presentes, inclusive apoiadores italianos. Cheguei para a atividade do dia 12 de outubro, quarta-feira, dia de Amalá, ritual de oferenda para Xangô. Via de regra, o Amalá acontece todas as quartas e é uma atividade religiosa fechada. Como atividade comemorativa da Vila, fariam o Amalá no Quilombo, especificamente neste dia aberto ao público. Até então, o que as crianças haviam me explicado sobre o Amalá tinha me ajudado a entender muito menos o ritual em si, e muito mais a dimensão de cuidado que as crianças têm com a crença religiosa.

Esperamos um pouco na entrada da Vila, logo em frente à secretaria, algumas pessoas ainda estavam chegando. Quando entramos no Quilombo para o início da atividade, o espaço estava organizado esteticamente de outro jeito, com muitos novos elementos. Havia mesas de plástico com quatro luga-res, cobertas com um forro vermelho, onde estavam distribuídos os pratos de louça branca e os talheres. No centro de cada mesa, tinha uma pequena tigela de louça branca com uma flor amarela. Na parte do Quilombo onde ficam os espelhos fixos, foi montado um altar com muitos elementos, vaso de flores e uma cortina vermelha semiaberta (Figura 20), que protegia o espaço do altar para Xangô. Do lado esquerdo do altar, mais distante da entrada do Quilombo, estavam dispostas duas mesas grandes em L, uma cheia de doces, bombons, balas e pirulitos e a outra tinha alguns guardanapos e tampa de tachos, onde seria disposta a comida.

Figura 20 – Altar do Amalá

Fonte: recuperado de www.vilaesperanca.org

A cortina que aparece nas laterais da imagem na Figura 20 circunda o altar até o fundo, deixando apenas uma abertura, pela qual é possível observar a riqueza dos detalhes do lado de dentro. A estética semiaberta do altar reitera a dimensão de cuidado necessária em mostrar o que se pode mostrar, como afirmação, e protegendo o que se deve proteger, como estratégia de segurança, cuidado de mandinga, além dos elementos religiosos e míticos que esta escolha estética possui. A marcação dos limites, quanto ao cuidado necessário à crença, apareceu em diversos momentos para mim. Neste mesmo dia, enquanto chegavam convidados e aguardávamos o início do Amalá, já dentro do Quilombo, perguntei se poderia tirar fotos do altar, ao que me foi dito que não, apenas das mesas e das pessoas[22].

---

[22] A foto do altar também está disponível na página oficial da Vila Esperança no Facebook. Xangô é o Orixá que se identifica com o arquétipo da justiça e das sociabilidades, seu culto se dá na comunhão da comida e da festa.

O dia do Amalá em comemoração ao aniversário da Vila foi um momento em que percebi uma maior possibilidade de dialogar sobre as questões em torno da religiosidade. As crianças organizavam-se para sentar juntas nas mesas. Em uma das mesas estavam Laura, Flora, Pedro e Letícia, esta última é uma aluna que não havia conhecido na vez anterior em que estive na Vila, mas que já havia estudado lá antes e estava retornando. Aproximei-me para saber se poderia colocar uma cadeira ali junto. Estavam conversando e, assim que me aproximei, disseram:

– Olha, pergunta para ele – o Pedro disse apontando para mim, referindo-se a alguma pergunta que a Letícia fizera.

– O que é orixá? – a Letícia me perguntou.

– Mas eu quase não entendo nada sobre orixás! O Pedro sabe, a Laura também! Não é? – A Laura ia falar alguma coisa, mas o Pedro fez sinal para que ela não falasse nada, e se dirigiu a mim:

– Sim, mas fala aí!

– Tá, vou tentar explicar, daí se tiver errado você avisa, tá?

– Tá bom.

– Orixá é um tipo de divindade que é bem poderosa e que cuida das pessoas...

– E?... – Pedro falou olhando para mim, como se estivesse faltando uma informação muito importante. Levantou as sobrancelhas, e balançou a cabeça de um lado para o outro, olhando para mim, tentando me dar alguma dica.

– Ah! E que tem relação com os elementos da natureza! Isso?

– Sim, menos Xangô, que é do fogo.

– Mas o fogo não é um elemento da natureza?

– Não, eu acho que não.

Discutiram um pouco se o fogo é natural ou não. Letícia interrompeu dizendo que os orixás pareciam muito poderosos, ao que Pedro respondeu: "Você não viu nada! Vem toda quarta pra você ver." Ela tentou investigar o que era assim tão poderoso, que acontecia toda quarta, mas ele não contou mais. Nesse momento a tia Rô chegou e pediu que as crianças se sentassem em uma esteira no chão.

As minhas aproximações em relação ao Pedro eram sempre muito difíceis, ele era muito desconfiado das minhas perguntas. Muito apropriado e conhecedor do espaço e das práticas da Vila e por isso foi uma criança com que tentei mais contato, mas que não permitia muita afinidade. A leitura que fiz naquele momento foi de que ele estava me testando, talvez o jeito de ele legitimar minha investigação ali dentro do Quilombo e no momento do Amalá. O número de convidados estava aumentando, por isso a tia Rô havia pedido para que as crianças se sentassem no chão. A Micky trouxe duas esteiras, esticamos e nos sentamos, algumas crianças ficaram incomodadas de dar lugar para os adultos.

Na esteira que ficava bem em frente ao altar sentaram-se as crianças que estavam na mesa e mais algumas outras. Sentei-me com elas, ao lado da Letícia. Robson, o babalorixá, entrou com a túnica, a roupa própria do Amalá, falou sobre os 25 anos da Vila, as comemorações que aconteceriam e retomou brevemente a história de quando chegaram, e de como só havia pedregulho e lixo no terreno. Falou sobre aquele momento do Amalá, explicando que a comida que estava ali era de Xangô, que algumas pessoas iriam descer[23] para fazer a entrega do alimento, em um lugar específico reservado, e que logo viriam trazendo as comidas para que todas e todos comessem. Ressaltou que era muito lindo e poderoso poder comer na mesma cumbuca de uma divindade.

Enquanto aguardávamos, pessoas serviam refrigerante, algumas crianças se levantavam para pegar água fora do Quilombo. Mais gente começou a chegar, entre elas os italianos[24], que vinham especialmente para o aniversário da Vila. Enquanto eles e elas se organizavam para sentar-se, Letícia comentou:

– São pessoas bonitas, né?

– Os italianos?

– É.

– É. Nós, brasileiros, também somos, né?

– Eu acho todas as pessoas de todos os países bonitas.

Comentei que alguns italianos estavam com a pele bem vermelha, que deveria ser do calor.

– É assim mesmo. – A Letícia explicou: – Assim, ó: os italianos são vermelhos, os ingleses brancos e pretos, os chineses amarelos.

– E a gente, de que cor a gente é?

– Hum... os brasileiros? Não sei. A gente é uma interrogação.

Laura saíra para buscar água, retornou nesse momento ouvindo o final da conversa e perguntou o que a gente estava chamando de interrogação. Expliquei

---

[23] A referência a "descer" está relacionada com o terreno irregular da Vila, onde facilmente se pode usar a referência de descer e subir nos lugares, já que estão em níveis muito diferentes.

[24] Boa parte do apoio financeiro da Vila vem de parceria com pessoas da Itália.

a análise da Letícia sobre as cores das pessoas de alguns países e expliquei que estávamos tentando descobrir qual cor a gente tem aqui, ao que Laura respondeu de imediato: "Ué! A gente é tudo isso. Uma mistura!". A Letícia completou. "É mesmo! A gente é colorido, temos todas as cores... só nunca vi gente azul."

Gostaria de me ater a duas afirmativas das meninas: "a gente é uma interrogação" e "A gente é tudo isso. Uma mistura!", acredito que elas nos ajudam a pensar a dimensão de complexidade que a questão racial no Brasil traz. Em entrevista para a revista acadêmica *Estudos Avançados*, o antropólogo Kabengele Munanga reitera que não é simples definir quem é negro no Brasil, sendo este um país que desenvolveu o desejo de branqueamento. Para ele, "os conceitos de negro e de branco têm um fundamento etnosemântico, político e ideológico, mas não um conteúdo biológico" (Munanga, 2004, p. 52). Quando Letícia faz uma classificação sobre as cores dos outros povos dizendo que os ingleses são "brancos e pretos", marcando apenas a possibilidade de duas categorias para esse grupo humano, e que no Brasil "A gente é uma interrogação"; de alguma forma ela anuncia duas construções históricas e políticas que se diferenciam bastante e que, de alguma forma, estão no saber e no imaginário da gente, inclusive das crianças.

O professor José Jorge Carvalho explica sobre a origem dessa organização racial apontando que "O significante mais sobressalente desses corpos europeus foi, sem dúvida alguma, a cor da pele, que foi complementada, ao longo do tempo da ocidentalização do mundo, por outras características físicas também secundárias do ponto de vista genotípico, como a altura, o formato dos olhos, do nariz, dos lábios, dos pomos da face e a textura dos cabelos" (Carvalho, 2008, p. 2). O autor explicita, ainda, o crescimento do racismo fenotípico, pautado nos aspectos físicos, explicando, por exemplo, que nos Estados Unidos a genética racial tem peso muito maior, sendo mais "fácil" classificar quem é negro e quem é branco. Sobre isso, Munanga (2004) relata que nos EUA não existe pardo, mulato ou mestiço, portanto qualquer descendente de negro pode reivindicar para si essa identidade, mesmo que tenha fenótipo branco.

Ficamos bastante tempo conversando sobre essas percepções enquanto aguardávamos a chegada da comida. A Micky pediu ajuda para servir refrigerante, fui oferecendo para as pessoas que estavam na mesa, onde tinha pequenas taças de vidro. Coloquei também para as crianças que estavam na esteira. Algumas estavam com copos descartáveis. Outras pessoas estavam ajudando a servir os refrigerantes. Depois que terminei me sentei novamente na esteira com as crianças, algumas comentaram que a comida estava demorando muito e uma delas completou: "Muito chato ter que esperar o orixá comer primeiro". As crianças ouviram e não fizeram nenhum comentário sobre a afirmação. Logo entraram as pessoas com as gamelas e tachos cheios de comida: a base de quiabo, que é a comida para Xangô, dendê, além de arroz, bolinho de feijão e uma nova bandeja cheia de doces.

Todas as pessoas que entraram estavam com as roupas típicas do Amalá, elas dançavam e cantavam, algumas carregavam os tachos com as comidas, outras tocavam tambor, geralmente os homens, enquanto as mulheres levavam algumas travessas. Dançavam e cantavam com uma alegria contagiante, algumas crianças (e eu) ficaram paralisadas observando a beleza da entrada. Cantavam uma música, possivelmente em yorubá, talvez específica para aquela ocasião. Perguntei para a Daniela se o Amalá era sempre assim, ela disse que não. Enquanto as pessoas ainda cantavam e colocavam sem pressa as comidas sobre a mesa que estava pronta para receber os tachos, o Robson pegou a bandeja de doces que entrou junto com a comida e andou com ela pelo salão, tocando rapidamente a cabeça de cada criança com o fundo da bandeja, depois colocou-a no altar de Xangô. Então, as pessoas fizeram uma fila para se servir.

O professor Wanderson Flor do Nascimento escreve sobre a prática da alimentação para os povos tradicionais da África, e nos auxilia a pensar sobre este momento no Amalá:

> Como a ancestralidade é um princípio fundamental de grande parte destas sociedades tradicionais, é comum que os ancestrais comam primeiro, embora em conjunto com as outras pessoas. Isto estabelece uma espécie de hierarquia alimentar que faz com que os ancestrais e aqueles que carregam o signo da continuidade (as crianças) se alimentem antes, mas na presença da comunidade e em comunhão com ela. Embora pareça um privilégio, essa hierarquia apenas ilustra a importância que tem os ciclos para os imaginários das comunidades tradicionais africanas (Flor do Nascimento, 2015, p. 64).

Após o almoço, as crianças e os adultos se serviram dos doces que estavam à disposição sobre a mesa ao lado das comidas. À medida que os doces da mesa foram acabando, a Luísa questionou a Laura por que o Orixá tinha que ficar com todo aquele doce, referindo-se à bandeja de doces deixada no altar, e perguntou se as pessoas poderiam comer depois. Elas ficaram conversando um tempo sobre isso, Laura titubeou sobre se poderiam comer, ou não, os doces deixados para Xangô. Elas resolveram perguntar para uma adulta que estava organizando o espaço, uma das que entrara com a comida e usava a roupa típica para o Amalá. Ela respondeu: depois que a bandeja está lá, não pode pegar. As meninas foram brincar de outras coisas.

Um tempo depois, outras duas crianças menores, uma delas não estudava na Vila, talvez por não ter idade, entraram no altar de Xangô e pegaram alguns doces, percebi que nenhum adulto interveio, mesmo achando que eles tinham visto. Perguntei para a professora Adriana, com quem estava conversando no momento, se as crianças poderiam pegar aqueles doces. Ela olhou as meninas que pegavam cuidadosamente alguns doces do altar e me disse, sem muita ênfase, "Não tem problema" e seguimos conversando. Pareceu um "nem sim, nem não"[25].

Os não ditos, ou as regras em relação às questões espirituais, apareceram durante todo o momento em que estive na Vila, mesmo à medida que estreitava relações, criava vínculos, este aspecto se manteve durante todo tempo. Em um outro dia, nesta segunda ida à Vila, uma das atividades comemorativas dos 25 anos foi um dia na Roça. Ainda na Vila, no portão de entrada, aguardando a saída da Van para a Roça, auxiliei o Regis (motorista da Van e educador) a colocar os objetos que seriam levados: *banner* de aniversário, polpa para fazer o suco do almoço, os atabaques para o som... Sentei-me para descansar em uma espécie de degrau mais alto do lado de dentro da entrada da Vila, ao lado do portão, onde ficam algumas plantas e dois jarros de barro com tampa. O Regis olhou e disse: "Olha, melhor você não sentar aí". Não me deu nenhuma explicação adicional, mas me levantei. O código não explícito sobre a lida com elementos religiosos esteve presente durante toda minha estadia. Aos poucos fui compreendendo que entender os códigos em si era menos importante que entender como as crianças se relacionavam com ele. Provavelmente algumas coisas me indicassem a relevância e o cuidado necessário com o espaço. Reparei, depois, que o maior jarro do espaço mais próximo de onde me sentei tinha um cordão em torno dele com algumas contas de búzios que talvez indicasse alguma relação mais espiritual, e que necessitasse de cuidado e distância. Penso que o não dito tem uma função relevante de preservação destas práticas, que de alguma maneira se contrapõe a uma cultura ocidental moderna, da imagem, da exibição, onde tudo e todas/os precisam ser vistas/os.

---

[25] Posteriormente, sobre esta situação, Robson Max explicou que na concepção Yorubá a Divindade come pela boca dos humanos. A interdição leve ao acesso aos doces do altar era para que eles permanecessem um pouco mais de tempo "recebendo o axé", e se transformando em referência de prazer e alegria aliados à ideia de sagrado.

CAPÍTULO 4

OUTRAS HISTÓRIAS: "APESAR DE VOCÊ, AMANHÃ HÁ DE SER OUTRO DIA"

Após discutir e dialogar com uma proposta educacional que transcende os modelos coloniais aos quais estamos subjugados, seria negligente deixar de falar do cenário atual da educação no Brasil, especialmente a partir da perspectiva dos movimentos de defesa pela educação pública e democrática. Antes de iniciar as considerações finais, e de aprofundar algumas reflexões já colocadas nos contos, é essencial trazer um breve panorama do momento atual na política educacional brasileira.

Inicio esta seção com um desabafo sobre como foi escrever a respeito de educação e relações étnico-raciais em tempos de tanto retrocesso no país. Durante os meses dedicados à escrita deste trabalho, entre uma página e outra, eu parava para ler uma notícia nova: mais um ataque aos direitos. Entre o fim de um capítulo e um *e-mail* para a orientadora, dava um pulo em uma das ocupações da UnB pra levar mantimentos e dar apoio. Voltava, escrevia mais um pouco. Depois de um dia inteiro de leitura, fazia uma pausa de fim de tarde com *spray* de pimenta e bombas de gás, que se estendia até a madrugada na delegacia, à espera de notícia das companheiras e companheiros detidos. Mais um dia em que abria o computador, e com um suspiro apertado, entre notícias de retrocessos e violências, tomava fôlego para seguir na escrita.

Em conversas com companheiras de luta dos movimentos sociais, sobre como se fortalecer nestes tempos, entre debates públicos sobre a conjuntura política, escutei de uma estudante secundarista: "Sabe, depois dessas ocupações me sinto mais comprometida", ao que eu tento me certificar: "Politicamente falando?" E ela me respondeu: "Não, comprometida com a vida mesmo".

Para auxiliar nas considerações finais, farei um breve apanhado das recentes ações políticas e sociais direcionadas à infância e à adolescência, em especial no que diz respeito à educação, articulando com uma leitura racial e decolonial, tal qual feita ao longo deste trabalho.

No segundo semestre de 2016, uma das primeiras ações do atual governo para a área da Educação foi sancionar a Medida Provisória n.º 746 (2016), que modifica o funcionamento do ensino médio e traz uma série de reorganizações estruturais para a educação. Entre elas, a MP desobriga a oferta de sociologia, filosofia, educação física, artes e música na grade curricular; determina a ampliação gradual da carga horária mínima anual para período integral, além de outras disposições. No anúncio oficial dessas modificações, feito em 22 de setembro de 2016, o então ministro da Educação, Mendonça Filho, explicitou as duas justificativas principais do governo, que motivaram essa reforma. Em primeiro lugar, apontava a "falência" do atual ensino médio, trazendo dados sobre o baixo desempenho de estudantes em matemática e português, comparativamente à década de 1990. E, em segundo, a evasão escolar, indicando que mais de um milhão de jovens estavam fora da escola. Ele enfatizou que o turno integral é uma das estratégias fundamentais para sanar esses problemas, e citou países como Coreia do Sul, Austrália, Finlândia, Portugal e Inglaterra, que teriam feito a ampliação da jornada de estudo e são hoje referência em educação. O ministro termina sua fala assinalando que o "pressuposto principal da reforma é promover o protagonismo do jovem" (Olhar Diplomático, 22 de setembro de 2016).

No mesmo momento político em que Governo instituiu a mudança no ensino médio, na Câmara Federal tramitava a Proposta de Emenda à Constituição n. 241, que passaria a tramitar no Senado como Proposta de Emenda à Constituição n. 55. Visando equilibrar a economia por meio do congelamento dos gastos públicos ao longo de duas décadas, atingindo, de forma drástica, áreas como Saúde e Educação, a proposta foi aprovada no Senado dia 13 de dezembro de 2016, como Emenda Constitucional n. 95 (2016). A instituição da Reforma do Ensino feita pelo Governo, no segundo semestre de 2016, em especial por ser efetivada sem diálogo com as/os estudantes, educadoras/es e gestoras/es e outras/os trabalhadoras/es da Educação, somando-se à Emenda Constitucional que determinou o congelamento dos gastos públicos, provocou pelo Brasil uma efusão de manifestações e ocupações de escolas secundaristas (de ensino médio) e universidades.

Quanto à justificativa do ministro para as reformas feitas no ensino médio, pautando-se em políticas educacionais internacionais, não é incomum que governos do Brasil utilizem parâmetros, ou espelhos, de políticas executadas em países de primeiro mundo, recortadas de uma realidade absolutamente distinta da brasileira, e desconsiderando outras ações dos

CAMINHOS, TRAMAS E DIÁLOGOS DO TORNAR-SE SUJEITO

referenciados países, que constituem parte de suas políticas públicas. As políticas educacionais dos países citados pelo então ministro no seu discurso possuem outros dados que não foram informados e que fazem bastante diferença em equiparações do tipo. São projetos educacionais variados, com dinâmicas e realidades extremamente distintas. O único aspecto que aproxima um pouco essas políticas internacionais de educação é o caráter público atribuído a elas, alguns desses países ainda possuem parte do sistema de ensino oferecido por iniciativas privadas, tal qual o Brasil.

Em alguns países, como a Finlândia, essas iniciativas possuem pouco êxito. Segundo *site* oficial da embaixada da Finlândia, "a atividade comercial em relação às instituições educacionais é relativamente pequena", neste país, especificamente, há uma política de não fazer grandiosos investimentos econômicos, mas apostar na descentralização da gestão financeira das escolas, que possuem autonomia deste aspecto (Embaixada da Finlândia, Brasília, 2009). Diferente da Coreia do Sul, onde há um volumoso investimento econômico e tecnológico nas instituições de ensino e na valorização financeira dos educadores, sendo a classe trabalhadora entre os maiores salários do país, atingindo o patamar mais alto, em relação à renda per capita, dos países da Organização para a Cooperação e Desenvolvimento Econômico (OCDE), grupo que reúne 30 dos países mais ricos do mundo (BBC Brasil, 19 de agosto de 2002; Unesco, 2015).

De todos os países citados, o único que optou por educação integral minimamente semelhante (em termos de horas) ao formato que está se propondo no Brasil, é a Coreia do Sul. O Reino Unido apresenta uma proposta de educação integral e opção de *homeschooling*, uma modalidade de educação em casa, para alunos/as de até 16 anos, subsidiado pelo governo (GOV. UK, n. d.). Na maioria desses países faz parte da política educacional, de forma geral, a gratuidade no transporte e no acesso aos espaços como museus, teatro e cinema. Portugal, por exemplo, oferece, além do transporte público gratuito para estudantes, a possibilidade de solicitar um transporte especial em casos específicos (República Portuguesa, n. d.). Portanto, o comparativo com esses países, fazendo um recorte a partir de um eixo único, no caso "educação integral", explicita como a fala feita pelo ministro da Educação no pronunciamento estava majoritariamente referenciada em realidades e países da Europa, evidenciando a perspectiva branca e colonial que permeia o discurso do Estado e pauta os horizontes das políticas públicas.

Outros países mais próximos geográfica, histórica e politicamente não foram considerados. No Relatório sobre Monitoramento Global da Educação para Todos, da Unesco (2015), apenas metade das nações conseguiu atingir as metas em 2015, sendo de Cuba, que possui a organização de carga horária escolar em período integral, o melhor desempenho dos países das Américas, inclusive erradicando o analfabetismo no país, ficando em 28.º lugar, à frente dos Estados Unidos, que ficou na 36.ª posição (Unesco, 2015; Sitio del gobierno de la republica de Cuba, n. d.).

Como vimos, justificar este modelo de reforma pela necessidade de melhora no ensino deixa escapar uma série de outras mudanças necessárias nas políticas de atendimento à infância e juventude. Não podemos aqui afirmar que a mudança não trará melhoras, mas, diante do quadro político que se desenha, não nos deixa expectativas para muitos horizontes. Quanto à segunda justificativa do Governo, referente à diminuição da evasão escolar, alguns dados podem nos auxiliar. Pesquisa sobre evasão escolar feita em parceria com o Ministério da Educação, a Organização dos Estados Ibero-Americanos (OEI) e a Faculdade Latino-Americana de Ciências (Abramvay, 2015) e estudo feito pela Fundação Getúlio Vargas (Neri, 2008) mostram que o maior índice de evasão acontece por motivos variados, e entre eles estão: gravidez na adolescência; demandas domésticas (cuidado com crianças menores e idosos) e a necessidade de complementação de renda. "É na combinação da demanda agregada de trabalho com a necessidade individual de adolescentes pobres suprirem sua renda que encontramos as maiores taxas de abandono escolar" (Neri, 2008, p. 15). Portanto, o investimento em aumento de horas de aula não resolveria, por si, a questão da evasão. Os indicadores trazidos por essas pesquisas reiteram a necessidade de políticas públicas complementares de apoio à educação, nas áreas da saúde e do trabalho, por exemplo.

Quanto à fala do ministro, quando ele afirma que o "pressuposto principal da reforma é promover o protagonismo do jovem" (Olhar Diplomático, 22 de setembro de 2016), é fundamental lembrar que as manifestações e ocupações, organizadas de forma autônoma por estudantes, foram reprimidas com violência policial e jurídica quando, por exemplo, em liminar, o juiz da Vara da Infância e da Juventude do Distrito Federal determinou a desocupação das escolas, escrevendo:

> Como forma a auxiliar no convencimento à desocupação autorizo expressamente que a polícia militar utilize meios de restrição: à habitabilidade do imóvel, tal como suspenda

> o corte do fornecimento de água, energia e gás. Da mesma forma autorizo que restrinja o acesso de terceiros, em especial parentes e conhecidos dos ocupantes, até que a ordem seja cumprida. Autorizo também que impeça a entrada de alimentos. Autorizo, ainda, o uso de instrumentos sonos contínuos, direcionados ao local da ocupação para impedir o período de sono (Tribunal de Justiça do Distrito Federal e dos Territórios. Processo n. 2016.01.3.011286-6, 28 de outubro de 2016).

No ato dessa determinação judicial, vários movimentos e ativistas dos Direitos Humanos, em entrevistas, reportagens e textos em redes sociais, lembraram que essas restrições e medidas são análogas a algumas técnicas de tortura já usadas em guerra. Portanto, o discurso do ministro, quando diz que a reforma no ensino médio tem como "Pressuposto principal o protagonismo do jovem" se esvazia, uma vez que esses mesmos alunos questionaram tanto a sua não participação na proposta de reforma quanto o seu formato. Importante ressaltar, ainda, que a determinação judicial citada foi enviada para uma escola ocupada na região de Taguatinga, DF, e essa mesma instituição teve desempenho entre as melhores escolas, com índice de aprovação pelo PAS-UnB em 2016, assim como outras escolas ocupadas que apresentaram resultados semelhantes ou melhores (Notícias da Educação, 14 de janeiro de 2016).

Numa análise sistêmica e conjuntural, podemos afirmar, então, que todas essas medidas alterando direitos constitucionais abrem brechas para a privatização do ensino, transformando o direito à educação em mercadoria, com ações judiciais que criminalizam e vulnerabilizam estudantes. Antes das atuais movimentações no campo da Educação, já se apresentava no horizonte uma investida chamada Escola sem Partido (Projeto de Lei n.º 867, de 2015), que visa incluir, entre as diretrizes e bases da educação nacional, alguns reguladores morais para a atuação de profissionais da Educação. Uma proposta engendrada em resposta a uma suposta "doutrinação ideológica" referente ao gênero e à política. A proposta tem sido veiculada nas redes sociais, e em algumas mídias, como uma medida necessária para deter um suposto crescimento da ação de educadoras e educadores que "doutrinam" as crianças no campo da orientação sexual e militância política, sendo que uma das bandeiras deste grupo é o ataque às ideias de Paulo Freire. O referido projeto de lei traz esses dispositivos de forma menos explícita, entretanto tal proposta de combate à ideologia ou doutrinação surge após o projeto Brasil sem Homofobia: Programa de Combate à Violência e à Discriminação contra

GLTB e Promoção da Cidadania Homossexual (Conselho, 2004), trazendo, por exemplo, o seguinte mando:

> Art. 3º. São vedadas, em sala de aula, a prática de doutrinação política e ideológica bem como a veiculação de conteúdos ou a realização de atividades que possam estar em conflito com as convicções religiosas ou morais dos pais ou responsáveis pelos estudantes (Projeto de Lei n. 867, de 2015).

No processo desta pesquisa sobre desenvolvimento e racialidade, em especial em campo, quando as pessoas, em sua maioria mães e pais, perguntavam sobre o que eu estava escrevendo, tentava explicar sobre a temática sem me estender muito. Nesses diálogos foram vários os depoimentos que surgiram de famílias praticantes do candomblé e umbanda que ensinavam as crianças a não falar sobre sua crença e sua religião para não sofrerem perseguição na escola. Os relatos que se seguiam eram mais ou menos semelhantes: uma criança que não podia falar de sua religião, que não sabia como se posicionar, quando, mesmo na escola pública laica, era convidada a rezar ou participar de alguma outra atividade distante de sua crença. Quanto aos mecanismos ideológicos, já em vigor nas várias instituições, Souza explica que viabilizam a hegemonia dos interesses dominantes (Souza, 1983, p. 32).

Considerando essa afirmativa, e o estabelecido no artigo terceiro do projeto de lei citado, que visa coibir a "prática de doutrinação política e ideológica", se houvesse penalidade retroativa, teríamos que indenizar todos os grupos indígenas e grupos negros que foram violentados nas suas crenças durante a catequização e colonização, que duraram séculos e perduram até hoje. Dessa forma, o projeto de lei (2015) apresentado, seja no seu texto ou nas articulações e divulgações públicas, deixa evidente um efeito bastante comum da legislação brasileira: a de proteger um grupo já historicamente protegido, e deixar ainda mais vulnerável quem assim, historicamente, sempre esteve.

Portanto, essas diversas ações nas esferas legal, educacional, pedagógica e econômica, precisam ser lidas e compreendidas de forma sistêmica. Nesse sentido, é importante lembrar que, desde 2011, há projetos de emendas constitucionais variados propondo a diminuição da idade penal, com diferentes nuances, alguns para 16 anos, outros para 15, alguns apenas para crimes hediondos. Atualmente, está em pauta, na Comissão de Constituição, Justiça e Cidadania (CCJ) da Câmara Federal, a Proposta de Emenda à Constituição n.º 33 (2012), que propõe a diminuição da idade penal para 16 anos. Ela altera o art. 129 da Constituição Federal, explicitando que são funções institucionais do Ministério Público: "promover, privativamente, a ação penal pública e o incidente de desconsideração de inimputabilidade penal de menores de dezoito e maiores de dezesseis anos" (Proposta de Emenda à Constituição n.º 33, de 2012). No Brasil, houve a diminuição da idade penal no Código Penal Militar, que passou a vigorar no período do Regime Militar, e trouxe uma alteração relevante na história do estado penal:

> Art. 50. O menor de dezoito anos é inimputável, salvo se, já tendo completado dezesseis anos, revela suficiente desenvolvimento psíquico para entender o caráter ilícito do fato e determinar-se de acôrdo com êste entendimento. Neste caso, a pena aplicável é diminuída de um têrço até a metade (Decreto-Lei n.º 1.001, 1969).

Articulando, aqui, a proposta de diminuição da idade penal com as proposições de ampliação de jornada escolar, que em princípio podem não ter nenhuma relação, podemos pensar que há uma tentativa de institucionalização e controle da juventude, em especial a juventude negra. Uma vez que as ações em direção a esse público são no sentido de controle e criminalização (explícito na diminuição da idade penal) e de institucionalização, seja carcerária ou escolar, e, nesse segundo caso, somando-se a uma proposta de silenciamento da diversidade, como assinala o projeto Escola Sem Partido, de alguma forma podemos ler esse movimento como proposições de extinção (física e simbólica) e de invisibilização da diversidade.

Portanto, esse ataque à educação é também um ataque à juventude, que fica explícito quando analisamos todas essas situações. Em última instância, é também um ataque à possibilidade de transformação da sociedade, um ataque aos que questionam e propõem mudanças no modelo hegemônico de funcionamento. Não é difícil afirmar que, depois desta breve análise, as ações do Estado aqui citadas são também de cunho racista, uma vez que a ausência de direitos vai recair sobre a população mais pobre, e geralmente negra, assim como é parte da história das instituições penais e de clausura (presídios e manicômios) a penalização do corpo negro (Arbex, 2013; Brasil, 2015a).

A proposta expressa pelo programa Escola Sem Partido, que tem como função evitar posições por parte dos educadores/as que "possam estar em conflito com as convicções religiosas ou morais dos pais ou responsáveis pelos estudantes" (Art. 3.º), ignora a/o aluna/o como sujeito de desejos, capacidades e pluralidades que transcendem o núcleo familiar que compõe. Vai também na contramão de uma educação dialógica, na qual a instituição esteja aberta à comunidade e às trocas entre diferentes atores sociais. Parte de um pressuposto no qual a escola está de um lado e a família de outro, e como se nada tivessem em comum, como se fossem, inclusive, uma ameaça para a outra. Como exclamado por Fábio, no conto "Coisa de menino, coisa de menina, ou com quantas varetas se faz uma pipa", quando a professora Adriana cita o projeto de lei, "Mas isso nem faz sentido! A gente precisa debater as coisas pra aprender", evidencia que o aprendizado extrapola a reprodução de conhecimento.

No conto do Sacy, escrevo sobre como, no primeiro dia de aula, a professora Micky estava recebendo as crianças e perguntando sobre as férias, sobre pessoas da família pelos nomes. Na Vila, a presença das pessoas do universo particular das crianças era constante em diversas atividades, como relatado em alguns contos, viabilizando diálogos, encontros e afetos. Portanto, pensar em um projeto de lei que compreenda que existe, no espaço escolar, uma ameaça às construções de valores dadas no seio familiar, é construir uma legislação que caminha na contramão de uma educação dialógica, em parceria com a comunidade e que possa recriar-se, onde os atores sociais tenham potência de se repensar em suas práticas e cuidados com as crianças e jovens.

O que está em jogo, portanto, vai além do ataque aos direitos civis, numa perspectiva legal. A partir do que foi trazido neste trabalho como construção de identidade, do percurso subjetivo dos sujeitos negras e negros, o que está sendo atacado é a história, a memória e a possibilidade de recriar-se, enquanto gente, numa proposta de mundo que, a partir das atuais proposições políticas, fica cada dia mais hegemônico e criminalizador de determinados grupos. Os elementos debatidos nos contos apresentados trazem dimensões fundamentais para o desenvolvimento, que já estão bastante ausentes na educação formal, e que ficam ainda mais distantes nesta ameaça de "formatação colonial" com os projetos de lei mencionados.

CAPÍTULO 5

AFETAÇÕES

Nesta aventura de compreender como a proposta de educação e vivência não hegemônica promove equidade racial e contribui no processo de constituição das crianças, me deparei com vários desafios, como é próprio das aventuras. Dois desses desafios valem ser destacados. Logo de início, houve o desafio de ouvir as crianças em seus próprios termos, talvez o mais divertido e o que deu mais frio na barriga. O segundo desafio, no processo de construção das informações, escrita e análise, foi me dar conta de como os construtos teóricos da psicologia, em especial sobre o desenvolvimento, são coloniais e pouco auxiliam a pensar e construir uma outra forma de olhar para os sujeitos que não a desenhada pela ciência moderna. Portanto, na aventura de navegar nesta pesquisa, as velas das naus nas quais embarquei anunciavam esta urgência de pensar uma outra psicologia, pediam outros ventos, que sopraram um pouco em todas as categorias colocadas: comunalidade e partilha; brincadeira infantil, identidade e estética racial; gênero e sexualidade; memória e religiosidade.

Nesta aventura, as questões sobre negritude emergiram de forma intensa para mim (ingenuidade minha pensar que isso não aconteceria). Tentei olhar para elas com o olhar cuidadoso, ainda que limitado pela condição de pessoa branca que ocupo. Foi uma aventura muitas vezes dolorosa, mas que, sei, jamais alcançará a dimensão da dor marcada na história e no cotidiano das pessoas negras. Em todo o momento, a minha distância do universo negro foi pensada por mim. Pontuo isso aqui, no início deste final, para dizer que tenho consciência dos deslizes racistas que, enquanto branco, posso ter cometido neste trabalho.

Considerando que partimos da premissa de que o Estado é colonial, o que pôde ser observado em alguns momentos deste trabalho, conseguimos observar durante o campo que, além disso, existe uma manutenção deste modelo de Estado na forma como ele apresenta a história. Isso fica evidente quando, na visita ao Museu da República, no Palácio Conde dos Arcos em Goiás, que fiz em companhia da Laura, o guia nos conta a história política da cidade a partir dos governantes da coroa, e a história negra não comparece em nenhuma dimensão, a não ser na arquitetura de casa-grande que, analogamente, nos remete à senzala. Ouvimos, Laura e eu, por quase uma hora, toda a história política do Goiás apenas pela perspectiva da coroa portuguesa e, ao final, da atual república. Portanto, podemos afirmar que a história que o Estado escolhe contar e manter nos museus diz também sobre o que é importante manter e reiterar enquanto memória.

Ainda na fatia do bolo da modernidade está a ciência moderna. As produções, a forma de olhar o mundo estão balizadas por ela, que organiza as formas de conhecimento, assim como o repertório que nos referencia neste mesmo mundo. A lógica colonial da modernidade está ligada ao contexto da colonialidade política que, por sua vez, hierarquiza experiências, saberes, culturas, sustentando um regime de produção de conhecimentos (Flor do Nascimento, 2010, p. 110-111). Ao mesmo tempo que a ciência é organizada pelo advento da modernidade, também organiza e baliza o mundo moderno, numa constante retroalimentação. Portanto, mesmo a perspectiva históri-co-cultural, que atravessa vários recentes debates científicos e abre espaços para uma ciência com outro repertório, ainda faz parte de um mesmo escopo cosmológico de ciência.

Para exemplificar, tomemos Vigotsky (1988), que rejeita o conceito de desenvolvimento linear, incorporando em sua conceituação alterações evolutivas e mudanças revolucionárias. Entretanto, em sua teoria do desenvolvimento, discorre sobre o processo de construção de conceitos para as crianças, apresentando duas dimensões importantes da aquisição de conceitos: pré-escolar e escolar. O autor atribui a primeira ao senso comum à generalização, fundamental para o desenvolvimento, mas que possui uma leitura menos complexa de mundo; e, posteriormente, a segunda à construção dos conceitos científicos, atrelados ao desenvolvimento de uma função psíquica superior. O reconhecimento dessas duas formas inter-relacionadas de desenvolvimento é componente necessário do pensamento científico (Vygotsky, 1988, p. 80). Portanto, mesmo propondo uma perspectiva do desenvolvimento não linear, a classificação dos processos de desenvolvimento com fim em um desenvolvimento mais complexo, que seria a do raciocínio científico, reitera a cientificidade como hierarquicamente mais interessante, além de desenhar os processos das crianças na perspectiva institucional, quando situa os momentos de aprendizagem no "pré-escolar" e "escolar".

Mesmo nesse formato de pensar o desenvolvimento, é possível que outras dimensões da vida humana fiquem sem lugar, como os processos religiosos e espirituais, fragmentando a leitura dos sujeitos em toda a sua complexidade. Dessa forma, penso que é fundamental falar de uma perspectiva sócio-histórica; entretanto, ela, por si só, não dá conta do debate necessário sobre as distintas formas de enxergar o desenvolvimento humano, já que faz parte do escopo da modernidade e, como tal, fragmenta e hierarquiza as perspectivas de mundo e *desistoriciza* e desculturaliza as crenças e outras dimensões que constituem os sujeitos. Portanto, é urgente a necessidade de uma teoria de desenvolvimento que extrapole os desenhos cognitivistas de desenvolvimento, constantemente atrelados à aprendizagem.

Não se trata de abandonar essas construções teóricas que até aqui contribuíram na constituição da psicologia enquanto ciência. Trata-se, sim, de pensar o nosso lugar, partindo de nossa história como produtoras/es de conhecimento. Fazendo eco com o professor Flor do Nascimento:

> [...] não quer dizer que não devamos mais ler as teorias vindas da Europa ou dos Estados Unidos na tentativa de pensar a situação da América Latina ou de outros lugares do Sul, mas que devemos estar atentos às armadilhas que tais teorias podem trazer, ainda mais quando elas são feitas na égide da colonialidade que domina sob a égide do desenvolvimento, do progresso e, porque não, em nome de um suposto benefício para as sociedades menos favorecidas (Flor do Nascimento, 2009, p. 8).

Um dos aspectos que podem ser observados, em várias análises durante os contos, é a dimensão do corpo como lugar de celebração e de conhecimento, do mundo e de si, corpo que celebra, que incorpora. As vivências acontecidas na Vila ajudam-nos a compreender que o corpo pode ser pensado como lugar de produção do saber, extrapolando a dicotomia corpo x mente. Em especial em uma proposta na qual, para o corpo, são evocados os sentidos. Isso aparece nas letras das músicas cantadas e na dimensão espiritual de corporificação, que dá ao corpo um *status* que vai além do orgânico, psíquico e comportamental. Ele é lugar de passagem, de outras existências que se misturam às nossas próprias, não só como um evento individual, que acontece com um sujeito físico, mas também social e coletivo. Isso se opõe a dimensão de corpo cristão ocidental, que caminha no sentido inverso, o da espiritualização do corpo, da anulação "da carne", de purificação por meio da negação do corpo e afirmação do espírito. Entretanto, nas religiões de origem africana, a purificação acontece pelo corpo no corpo. Essa distinção entre as formas de conceber a corporeidade nos auxilia a entender as distâncias existentes entre estes dois universos e como, um sobreposto ao outro, possuem um eco relevante nas distintas formas de subjetivação das crianças com vivências tão múltiplas.

No conto "Por que um Orixá precisa de uma bandeja de doces só pra ele?", Letícia falou sobre como no Brasil somos uma interrogação, somos "tudo isso. Uma mistura!" Podemos retomar esse ponto a partir das considerações de Kabengele Munanga, quando o autor relata que "no contexto atual, no Brasil a questão é problemática, porque, quando se colocam em foco, políticas de ações afirmativas – cotas, por exemplo –, o conceito de negro torna-se complexo" (Munanga, 2004, p. 52). O discurso de miscigenação é ambíguo, sendo atualmente o caminho para a construção do mito da igualdade racial, onde as diferenças são anuladas e, consequentemente, a violência histórica (constantemente reatualizada) é invisibilizada. Dessa forma, a retomada a um lugar, refazer o caminho de sujeito pela história da ancestralidade, passa a ser inviável.

Por outro lado, num país onde somos "uma interrogação", a miscigenação pode ser pensada como caminho de pluralidades para compreensão dos sujeitos, como um outro lado da moeda da democracia racial, podemos brincar chamando de "racialidade democrática", na qual estes múltiplos atores do processo colonial, da mistura, possam se olhar dentro do percurso histórico. Não apenas o povo negro e indígena, nas suas constantes lutas antirracistas, mas também os brancos, em seus privilégios e na sua responsabilidade histórica, devem entender o lugar que ocupam nesta batalha, entendendo de maneira crítica e responsável os laços desta mistura. A *práxis* cotidiana, na dimensão material, precisa ser articulada conjuntamente com os espaços de reedição das produções subjetivas que se construíram ao longo da história. Entendo, no entanto, que a mudança dos modelos culturais, econômicos e éticos só é possível se lembrarmos dos modelos que nos balizaram, e os que nos balizam hoje. Só há mudança de paradigma a partir da releitura da nossa própria trajetória.

Uma das categorias constantes, que pode ser observada durante a narração e análise dos contos, é a condição comunal dos processos. Ela surge na presença das famílias na Vila, no jogo da Mancala, na concepção de quilombo, no conteúdo das músicas – como o parabéns em yorubá –, na partilha da comida vivenciada de forma intensa, tanto no *Ojó Odé* quanto no *Amalá*. Esses dois últimos momentos nos auxiliam a perceber, também, como a partilha adentra o universo mítico, espiritual e religioso, podendo exemplificar com duas falas do Robson. Primeiro, no *Ojó Odé*, quando, ao contar sobre o mito da criação, ele apresenta Olorum como um Deus coletivo, um deus que dividia o processo de criação com outras divindades. Segundo, no *Amalá*, com a comida oferecida para Xangô, quando Robson ressaltou a beleza e a potência de partilhar a comida com uma divindade.

O professor Flor do Nascimento pontua como, para as sociedades tradicionais africanas, as divindades também compõem o tecido social e, assim como as demais pessoas, também precisam se alimentar. A alimentação é vista como processo que vai além da socialização entre as pessoas que vivem comunitariamente, mas uma atividade que fortalece os laços comunitários. Dessa forma, as responsabilidades pelos processos que geram a alimentação precisam ser distribuídas, incluindo as divindades que possibilitam o alimento continuar existindo para todo o mundo (Flor do Nascimento, 2015, p. 63).

Podemos perceber, portanto, o comunal como uma categoria que extrapola o social, e supera o pressuposto de que os sujeitos se constituem socialmente. Arrisco dizer que o comunal, a partilha, é um constante movimento de reeditar-se no mundo, entre os seus, nas várias dimensões da vida humana. Divergindo, então, do conceito linear de constituir-se, tal como um posto a ser alcançado, indo em direção a um sujeito que se constitui em contínuo movimento, relembrando, sempre, que parte do que nos constitui é comunal.

Durante este trabalho, todos os construtos colocados na análise falaram, em alguma medida, sobre a necessidade de ampliar o olhar a respeito das questões de desenvolvimento, considerando as várias formas subjetivas de lidar com os processos sociais e históricos de maneira plural. Entretanto, a forma individual com que cada sujeito vivencia a sua identidade vai permear todo seu processo de desenvolvimento e, para tanto, um olhar decolonial, anticolonial, funcionaria para abrir novas possibilidades de subjetivação, menos forjadas em um modelo único. Talvez, para a psicologia, seja necessário reinventar outros jeitos de olhar o mundo, de reinventar-se também. Deixo esta frase para nos inspirar nessa reflexão: "pra mim o baobá não é nem retorno para África, nem formação da identidade brasileira, o baobá não é uma árvore em exílio, é uma árvore criadora de mundos" (Lima, 2014, p. 29). Que a psicologia seja capaz de plantar baobás e (re)criar outros possíveis, urgentes e necessários mundos acadêmicos.

POSFÁCIO

Nosso processo de nos tornarmos sujeitos, nos tornarmos pessoas, ocorre em caminhos por nós trilhados, inclui tramas, demanda diálogos. Nesse caminhar podemos realizar a Grande Obra, que é, antes de tudo, a criação do homem por si mesmo, a atualização plena de suas potencialidades para que possa dar conta das tarefas que lhe competem realizar durante seu tempo de existência. É, principalmente, a emancipação de sua vontade, que lhe possibilita agir de modo responsável e comprometido com o coletivo humano. Grandes revoluções sociais e lutas por decolonialidade dependem de esforços individuais, cada qual realizando em si a Grande Obra.

Sem perder contato com a realidade social, política e econômica do Brasil e privilegiando a perspectiva da espiritualidade nos fundamentos e processos educacionais, Ernesto Nunes Brandão chega à Vila Esperança e à Escola Pluricultural Odé Kayodê. Ingressa em espaço privilegiado de oportunidades para que educadores realizem em si a Grande Obra e semeiem nos educandos o desejo intenso de realizar o mesmo. Ao buscar cumprir com seu compromisso acadêmico, Ernesto não se afasta do propósito maior de espiritualizarmos a Ciência e as práticas a ela associadas. E dela decorrentes.

Durante sua permanência na Vila Esperança dialoga com nossas crianças nas rodas de conversa, e dialoga com todos que nesse espaço circulam, pois já chega convencido de que "um galo sozinho não tece uma manhã". Ernesto já sabe que "ele precisará sempre de outros galos. De um que apanhe esse grito que ele lançou, e o lance a outro; de um outro galo que apanhe o grito de um galo antes e o lance a outro; e de outros galos que com muitos outros galos se cruzem os fios de ouro de seus gritos de galo, para que a manhã, desde uma teia tênue, se vá tecendo, entre todos os galos. E se encorpando em tela, entre todos, se erguendo tenda, onde entrem todos, se entretendendo para todos, no toldo (a manhã) que plana livre de armação. A manhã, toldo de um tecido tão aéreo que, tecido, se eleva por si: luz balão".

Nesse poema de João Cabral de Melo Neto encontro inspiração para tecer comentários sobre o trabalho de Ernesto. Busco, pois, na poesia as metáforas que me impeçam de quebrar o encantamento dos fios de ouro por ele entrecruzados durante sua breve permanência na Vila e na Escola Pluricultural Odé Kayodê.

O relato de sua experiência na Vila Esperança é o relato de um ser sensível que ali conjugou – e certamente continua e continuará conjugando – o verbo esperançar, no sentido atribuído a esse verbo por Paulo Freire, nosso Mestre, que diz: "É preciso ter esperança, mas ter esperança do verbo esperançar; porque tem gente que tem esperança do verbo esperar. E esperança do verbo esperar não é esperança, é espera. Esperançar é se levantar, esperançar é ir atrás, esperançar é construir, esperançar é não desistir! Esperançar é levar adiante, esperançar é juntar-se com outros para fazer de outro modo…"

Sim, Ernesto! Nós da Vila Esperança também conjugamos este verbo há anos, diariamente. Nosso encontro com você se dá em ambiente propiciador do bem-viver, pois realizar a Grande Obra não é tarefa para tristes e amargurados. Há um gozo indizível na busca do homem pelo Ser e aos mestres compete, entre outras tantas tarefas, ensinar isso a seus discípulos. Nosso encontro com você e sua obra nos faz felizes, pois alimenta e fortalece a Esperança, essa equilibrista que sabe que o show de todo artista tem que continuar.

Saber de você e de seu grito, lançado em outros espaços e outros territórios, me lembra o nordestino Patativa do Assaré, poeta cantor de rua, que nos diz "Cante lá que eu canto cá!" É muito gratificante a certeza de que outros cantam lá enquanto cantamos cá.

O encontro com você e com a narrativa de seu trabalho, que conquistou forma de tese e conquista agora forma de livro, revigora, preserva viva essa chama que arde em nosso peito e nos confirma a cada momento: Sim! Vale a Pena! Há um porvir luminoso! Olhemos para nossas crianças e veremos em seus olhos, repetidamente, a mensagem do esperançar.

São Paulo, 1 de maio de 2023
Vila Esperança, USP e UNIP

Prof.ª Dr.ª Ronilda Iyakemi Ribeiro

Ialorixá, pesquisadora de Africanismo, doutora em Psicologia e em Antropologia pela Universidade de São Paulo (USP). Pesquisadora e professora decana da USP e da Universidade Paulista (UNIP).

REFERÊNCIAS

Abramvay, M. (Coord.) (2015) *Juventudes na escola, sentidos e buscas: Por que frequentam?* Brasília: Flacso.

Arbex, D. (2013). *Holocausto brasileiro*. São Paulo: Geração Editorial.

Azevedo, C. (2006). A representação de infância como "tempo de direitos". In Neto, J. C., Nascimento, M. L. (Org.). *Infância: violência, instituições e políticas públicas*. São Paulo: Expressão e Arte.

BBC Brasil. (2002, Agosto 19). *Ensino de qualidade é segredo de sucesso na Coréia do Sul*. Recuperado de http://www.bbc.com/portuguese/noticias/2002/020819_educaro3.shtml.

Beauvoir, S. (1967). *O segundo sexo: Fatos e Mitos*. (Vol. 1). (2a ed). São Paulo: Difusão Européia do Livro.

Bernardino-Costa, Joaze, & Grosfoguel, Ramón. (2016). Decolonialidade e perspectiva negra. *Sociedade e Estado, 31*(1), 15-24.

Boaventura, D. M. R. (2007). *Urbanização Em Goiás No Século XVIII*. (Tese de doutorado). Faculdade de Arquitetura e Urbanismo, Universidade de São Paulo, São Paulo, SP, Brasil.

Brasil. (2009). *Plano nacional de implementação das diretrizes curriculares nacionais para a educação das relações étnico-raciais e para o ensino de história cultura afro-brasileira e africana* / Secretaria Especial de Políticas de Promoção à Igualdade Racial. Brasília: Ministério da Educação.

Brasil. (2015a) *Mapa do encarceramento: os jovens do Brasil* / Secretaria-Geral da Presidência da República e secretaria nacional da Juventude. Brasília: Presidência da República. Recuperado de: http://juventude.gov.br/articles/participatorio/0010/1092/Mapa_do_Encarceramento_-_Os_jovens_do_brasil.pdf.

Brasil. (2015b) *Pátria educadora: A qualificação do ensino básico como obra de construção nacional* / Secretaria de Assuntos Estratégicos. Brasília: Presidência da República. Recuperado de: https://avaliacaoeducacional.files.wordpress.com/2015/04/qualificacao-do-ensino-basico-documento-para-discussao.pdf.

Campelo, A. F. R. (Produtora). & Campelo, H. N. P., F.º (Diretor). (2011). *O Sacy na Vila Esperança*. [Arquivo de áudio]. Radio-conto vencedor do edital Nossa Onda,

Ministério da Cultura, Brasília, Brasil. Recuperado de http://www.radiotube.org. br/audio-qVQLOl7a.

Carvalho, J. J. (2008). Racismo Fenotípico e Estéticas da Segunda Pele. *Cinética – Cinema e crítica, 1,* 1-14. Recuperado de: http://www.revistacinetica.com.br/cep/ jose_jorge.pdf.

Carvalho, J. J. (2011). *A economia do axé: os terreiros de matriz afro-brasileira como fonte de segurança alimentar e rede de circuitos econômicos e comunitários.* (37-63). In Arantes, L. L.; Rodrigues, M. (Org.). Alimento: Direito Sagrado. Pesquisa socioeconômica e cultural de Povos e Comunidades Tradicionais de Terreiros. Brasília: MDS.

CIMI – Conselho Indigenista Missionário. (2014). Relatório de *violência contra os povos indígenas no Brasil.* Recuperado de http://cimi.org.br/pub/Arquivos/Relat.pdf..

Cohn, C. (2005). *Antropologia da criança.* (Série Passo a Passo). Rio de Janeiro: Zahar.

Conselho Nacional de Combate à Discriminação. (2004). *Brasil Sem Homofobia:* Programa de combate à violência e à discriminação contra GLTB e promoção da cidadania homossexual. Brasília: Ministério da Saúde.

Corsaro, W. A. (2003). *We're friends, right? Inside kids'cultures.* Washington, DC: Joseph Henry Press.

Costa, A. (2001). *Corpo e escrita: Relações entre memória e transmissão de experiência.* Rio de Janeiro: Relume Dumará.

Costa, J. F. (1984) Da cor ao corpo: a violência do racismo. In Souza, N. S. *Tornar-se negro.* Rio de Janeiro: Graal.

Couto, G. B. D. A. (2016). *Brincando na terra: Tempo, política e faz de conta no acampamento Canaã (MST – DF).* (Dissertação de mestrado). Departamento de Antropologia, Universidade de Brasília, Brasília, Brasil.

Cunha, S. R. V. (2005) *Educação e Cultura Visual: Uma trama entre imagens e infância.* 247 f. Tese (Doutorado em Educação) – Faculdade de Educação da Universidade Federal do Rio Grande do Sul. 2005. Disponível em: http://hdl.handle.net/10183/79457. Acesso em: 29 jan. 2024.

Decreto-Lei n. 1.001, de 21 de outubro de 1969. Código Penal Militar. Recuperado de: http://www.planalto.gov.br/ccivil_03/Decreto-Lei/Del1001.htm.

Department of education and training. (n.d.). [Página do departamento de educação da Austrália]. Recuperado de https://www.education.gov.au/.

Dussel, E. (2016). Transmodernidade e interculturalidade: Interpretação a partir da filosofia da libertação. *Sociedade e Estado, 31*(1), 51-73. Recuperado de https://dx.doi.org/10.1590/S0102-69922016000100004.

Embaixada da Finlândia, Brasília. (2009, Abril 3.) Recuperado de http://www.finlandia.org.br/public/default.aspx?nodeid=39478&contentlan=17&culture=pt-BR.

Enne, A. L. (2013). Representações sociais como produtos e processos: Embates em torno da construção discursiva da categoria "vândalos" no contexto das manifestações sociais no rio de janeiro em 2013. *Revista História e Cultura, 2*(2), pp.174-196.

Emenda Constitucional, n. 55, de 15 de dezembro de 2016. Altera o Ato das Disposições Constitucionais Transitórias, para instituir o Novo Regime Fiscal, e dá outras providências. Recuperado de http://legis.senado.leg.br/legislacao/ListaTextoIntegral.action?id=251058&norma=270459.

Espaço Cultural Vila Esperança. (n.d.). *Vila Esperança.* [Página oficial]. Recuperado de http://www.vilaesperanca.org/?page_id=2.

Fanon, F. (2008). Pele negra, máscaras brancas. (R. Silveira, Trad.) Salvador: EDUFBA.

Feffermann, M. (2006). A realidade de crianças que vivem no limiar da lei e do fora-da-lei. In Neto, J. C. S., Nascimento, M. L. B. P. (Org.). *Infância: Violência, instituições e políticas públicas.* São Paulo: Expressão e Arte.

Flor do Nascimento, W. (2009) A modernidade vista desde o Sul: Perspectivas a partir das investigações acerca da colonialidade. *Padê: Estudos em Filosofia, Raça, Gênero e Direitos Humanos. 1*(1/2), 1-19.

Flor do Nascimento, W. (2010). *Por uma vida descolonizada: diálogos entre a bioética de intervenção e os estudos sobre a colonialidade.* (Tese de doutorado). Programa de pós-graduação em bioética, Universidade de Brasília, Brasília.

Flor do Nascimento, W. (2015). Alimentação socializante: Notas acerca da experiência do pensamento tradicional africano. *Das Questões 1*(2).

Foucault, M. (1988). *História da sexualidade: Vontade de saber.* (M. T. Costa, Trad.). Rio de Janeiro: Graal.

Foucault, M. (2004) *Vigiar e punir: Nascimento da prisão.* (29a ed.) (R. Ramalhete, Trad). Petrópolis: Vozes.

Geertz, C. (1989). *A interpretação das culturas.* Rio de Janeiro: LCT.

Geertz, C. (2001). *Nova luz sobre a antropologia*, Rio de Janeiro: Jorge Zahar.

Gerber, R. (Diretora). (1989). Ôrí. Recuperado de https://www.youtube.com/watch?v=qexH85cYfK4.

Gneka, G. (2005) Plantar e colher com o awalé. In LIMA, H. P., GNEKA, G., LEMOS, M. *A Semente que veio da África*. São Paulo: Salamandra.

Goldenberg, M. (2004). *A Arte de Pesquisar*. (8a ed.). São Paulo: Record.

González Rey, F. (2010). *Pesquisa Qualitativa e Subjetividade. Os processos de construção de informação*. São Paulo: Cengage Lerning.

GOV. UK. (n.d.) *Childcare and parenting*. [Página oficial do governo do Reino Unido]. Recuperado de https://www.gov.uk/browse/childcare-parenting.

Haesbaert, R. (2004). Dos múltiplos territórios à multiterritorialidade. *Anais do Encontro Nacional da Associação Nacional de Pós-graduação e Pesquisa em Planejamento Urbano e Regional – ANPUR, 3*. Rio de Janeiro, RJ, Brasil, 9. Recuperado de http://www.ufrgs.br/petgea/Artigo/rh.pdf.

hooks, b. (2005). *Alisando o Nosso Cabelo*. (L. M. Santos, Trad.). *La Gazeta de Cuba, 1*(1), 70-73. Recuperado de: http://coletivomarias.blogspot.com.br/2008/05/alisando-o-nosso-cabelo.html.

Kramer, S. (2001). *A política do pré-escolar no Brasil: a arte do disfarce*. (6a ed.). São Paulo, Cortez Editora.

Lei n. 2.040, de 28 de setembro de 1871. Declara de condição livre os filhos de mulher escrava que nascerem desde a data desta lei, libertos os escravos da Nação e outros, e providencia sobre a criação e tratamento daquelles filhos menores e sobre a libertação annaul de escravos. Recuperado de www.planalto.gov.br/CCIVIL_03/LEIS/LIM/LIM2040.htm.

Lei n. 6.697, de 10 de outubro de 1079. Institui o Código de Menores. Recuperado de http://www.planalto.gov.br/ccivil_03/leis/1970-1979/L6697.htm.

Lei n. 10.639, de 9 de janeiro de 2003. Altera a lei n. 9.394, de 20 de dezembro de 1996, que estabelece as diretrizes e bases da educação nacional, para incluir no currículo oficial da Rede de Ensino a obrigatoriedade da temática "História e Cultura Afro--Brasileira", e dá outras providencias. Recuperado de http://www.planalto.gov.br/ccivil_03/leis/2003/L10.639.htm.

Lépine, C. (1978). *Contribuição ao estudo do sistema de classificação dos tipos psicológicos no candomblé kétu de Salvador*. (Tese de doutorado). Faculdade de Filosofia, Letras e Ciências Humanas, Universidade de São Paulo, São Paulo, SP.

Licht, R. W. (2006). Na sala de espera esperando o Outro: Uma interlocução entre as pesquisas neurológicas e a psicanálise. In Bernardino, L. M. F. (Org.) *O que a psicanálise pode ensinar sobre a criança, sujeito em constituição*. São Paulo: Escuta.

Lima, E. (2014). *A árvore-escola: Campus in Camps e Grupo Contrafilé*. São Paulo: Fundação Bienal de São Paulo. Recuperado de http://www.bienal.org.br/content/Arvore%20Escola_Livro%20DIGITAL.pdf

Lima, M. C. (2015). As crianças e "a roça": Notas sobre terra, família e trabalho. Ou sobre a educação do campo além das escolas. (Trabalho apresentado em seminário). Universidade Federal de Goiás, GO.

Lugones, M. (2014). Rumo a um feminismo decolonial. *Revista Estudos Feministas*, Florianópolis, *22*(3), 935-952. Recuperado de http://www.scielo.br/pdf/ref/v22n3/13.pdf.

Matias, G. & Pulino, L. H. C. Z. (2014). Infância, literatura e imaginação: formas de resistência. In Cruz, A. C. J., Moruzzi, A. B., Abramowicz, A., Silveira, D. B., Tebet, G. G. C., Jovino, L., Simião. I. S. F., Santos, M. W., Rodrigues, T. C. (Org.). *Perspectivas sobre infância e educação infantil: diferença, sociologia da infância e relações étnico-raciais*. (331-343). São Carlos: Compacta Gráfica e Editora.

Mbembe, A. (2014). *Crítica da Razão Negra*. Lisboa: Editora Antígona.

Medida Provisória n. 746, de 22 de setembro de 2016. Exposição de motivos Institui a Política de Fomento à Implementação de Escolas de Ensino Médio em Tempo Integral, altera a Lei n.º 9.394, de 20 de dezembro de 1996, que estabelece as diretrizes e bases da educação nacional, e a Lei n.º 11.494 de 20 de junho 2007, que regulamenta o Fundo de Manutenção e Desenvolvimento da Educação Básica e de Valorização dos Profissionais da Educação, e dá outras providências. Recuperado de http://www.planalto.gov.br/ccivil_03/_Ato2015-2018/2016/Mpv/mpv746.htm.

Munanga, K. (2004) A difícil tarefa de definir quem é negro no Brasil. *Estudos Avançados*, *18*(50), 51-56. São Paulo.

Nascimento, A. (2002). *O quilombismo*. (2a ed.). Brasília: Fundação Cultural Palmares.

Neri, M. C. (Coord.). (2008). *Motivos da Evasão Escolar*. Fundação Getúlio Vargas. Recuperado de: http://www.fgv.br/cps/tpemotivos/.

Notícias da Educação. (2016, Janeiro 14). *PAS: 40,88% das vagas são de alunos da rede pública.* [Página da Secretaria da Educação, DF]. Recuperado de http://noticias.se.df.gov. br/noticias/ultimas-noticias/pas-4088-das-vagas-sao-de-alunos-da-rede-publica/.

Odé Alafoxé, R. (n.d.) *Afoxé Ayó Delê.* [Página oficial Espaço Cultural Vila Esperança]. Recuperado de http://www.vilaesperanca.org/?page_id=2968

Olhar Diplomático. (2016, Setembro 22). *Michel Temer faz discurso sobre o Ensino Médio.* [Arquivo de vídeo]. Recuperado de https://www.youtube.com/ watch?v=ewTE2pYey9E.

Oliveira, M. D. E., Oliveira, R. D. (1981). Pesquisa Social e Ação Educativa: Conhecendo a Realidade Para Poder Transformá-la. In Brandão, C. R. (Org.). *Pesquisa Participante.* São Paulo: Brasiliense.

Oyewumi, O. (1997). *The invention of women. Making an African sense of Western gender discourses.* Minneapolis: University of Minnesota Press.

Oyewumi, O. (2016, Outubro 7). *Desaprendendo as Lições da Colonialidade: escavando saberes subjugados e epistemologias marginalizadas.* Conferência em Seminário Internacional: Decolonialidade e Perspectiva Negra, Universidade de Brasília, Brasília.

Parés, L. N. (2006). *A formação do Candomblé: História e ritual da nação jeje na Bahia.* Campinas: Editora da Unicamp.

Pedroza, R. L. S. (2005). Aprendizagem e subjetividade: Uma construção a partir do brincar. In *Revista do departamento de psicologia – UFF. 17*(2), 61-76. Niterói: Universidade Federal Fluminense.

Peirano, M. (2008). Etnografia, ou a teoria vivida. In *Ponto Urbe* [Online], *2.* doi: 10.4000/pontourbe.1890

Peirano, M. (2014). Etnografia não é método. In *Horizontes Antropológicos, 20*(42), 377-391. Porto Alegre.

Projeto de Lei n. 867, de 2015. Programa escola sem partido. Recuperado de: http://www. camara.gov.br/sileg/integras/1317168.pdf.

Proposta de Emenda à Constituição n. 33, de 2012. Altera a redação dos arts. 129 e 228 da Constituição Federal, acrescentando um parágrafo único para prever a possibilidade de desconsideração da inimputabilidade penal de maiores de dezesseis anos e menores de dezoito anos por lei complementar. Recuperado de http://www. senado.gov.br/atividade/materia/getTexto.asp?t=111035.

Proposta de Emenda à Constituição n. 55, de 26 de outubro de 2016. Altera o Ato das Disposições Constitucionais Transitórias, para instituir o Novo Regime Fiscal. Recuperado de http://www.planalto.gov.br/ccivil_03/Projetos/PEC/2016/msg-329-junho2016.htm.

Proposta de Emenda à Constituição n. 241, de 15 de junho de 2016. Altera o Ato das Disposições Constitucionais Transitórias, para instituir o Novo Regime Fiscal. Recuperado de http://www.camara.gov.br/proposicoesWeb/prop_mostrarintegra?codteor=1468431&filename=PEC241/2016.

Pulino, L. H. C. Z. (2016a). *Educação, direitos humanos e organização do trabalho pedagógico*. Brasília: Paralelo 15.

Pulino, L. H. C. Z. (2016b). Lugares de infância: tempo de encontro. In Barbato, S., Cavaton, M. F. F. (Org.). *Desenvolvimento humano e letramento: Educação Infantil e primeiro ano do Ensino Fundamental*. Belo Horizonte: Autêntica.

Quijano, A. (2005). Colonialidade do poder, Eurocentrismo e América Latina. In *CLACSO, Consejo Latinoamericano de Ciencias Sociales*. Buenos Aires: CLACSO.

Raad, I. L. F. (2013). *Atividades Cotidianas e o Pensamento Conceitual*. (Tese de doutorado). Faculdade de Educação, Universidade de Brasília. Brasília, DF. Recuperado de: http://repositorio.unb.br/bitstream/10482/13784/1/2013_IngridLilianFuhrRaad.pdf

Ratts, A. (2006). *Eu sou atlântica: Sobre a trajetória de vida de Beatriz Nascimento*. São Paulo: Imprensa Oficial do Estado.

República Portuguesa. (n.d.). Ministro da Educação. [Pesquisa feita em várias notícias do portal do governo português. Recuperado de http://www.portugal.gov.pt/pt/ministerios/medu.aspx

Rosemberg, F. (2002). Organizações Multilaterais, Estado e Políticas de Educação Infantil. *Cadernos de Pesquisa, 115*, 25-63. São Paulo.

Safra, G. (2007). Perspectivas do manejo clínico da experiência religiosa. In Arcuri, I. G., Ancona-Lopez, M. (Orgs. *Temas em psicologia da religião*. (77-90). São Paulo: Vetor Editora.

Safra, G. (2013). Disponibilidades para a realidade psíquica não sensorial: fé, esperança e caritas. *Revista IDE, 36*(56), 91-104.

Santos, B. S. (1997). Por uma concepção multicultural de direitos humanos. *Revista Crítica de Ciências Sociais*, (48), 11-32. Coimbra.

Schaden, E. (1969). *Aculturação indígena.* São Paulo: Pioneira/EDUSP.

Segato, R. L. (2003) Género, política e hibridismo en la transnacionalización de la cultura Yoruba. In *Estudos Afro-Asiáticos,* Ano 25, n o 2, 2003, pp. 333-363 https://doi.org/10.1590/S0101-546X2003000200006

Segato, R. L. (2012). Gênero e colonialidade: em busca de chaves de leitura e de um vocabulário estratégico decolonial. In *e-cadernos ces* [Online], *18.* doi: 10.4000/eces.1533

Segato, R. L. (2014). Que cada povo teça os fios da sua história: O pluralismo jurídico em diálogo didático. In *Direito. UnB, 1*(1), 65-92. Brasília: Faculdade de Direito, Universidade de Brasília.

Seyferth, G. (1995). A invenção da raça e o poder discricionário dos estereótipos. *Anuário Antropológico, 93.* Rio de Janeiro: Tempo Brasileiro.

Silva, M. J. (2008). *Quilombos do Brasil Central: Violência e resistência escrava, 1719-1888.* (2a ed.). Goiânia: Kelps.

Simas L.A. & Rufino L. (2020). Encantamento sobre política de vida. Rio de Janeiro: Mórula Editorial.

Sitio Del Gobierno de La República de Cuba. (n.d.). [Página do governo cubano]. Recuperado de http://www.cubagob.cu/gobierno/fichas/fmined.htm

Souza, N. S. (1983). *Tornar-se negro.* Rio de Janeiro: Graal.

Spivak, G. C. (2010). *Pode o Subalterno Falar?* Belo Horizonte: Editora UFMG.

Tribunal de Justiça do Distrito Federal e dos Territórios. (2016, Outubro 28). *Processo n. 2016.01.3.011286-6.* Vara da Infância e da Juventude do Distrito Federal. Recuperado de: http://www.huffpostbrasil.com/2016/11/01/juiz-tortura-df_n_12756048.html

Trinidad, C. T. (2011). *Identificação étnico-racial na voz de crianças em espaços de educação infantil.* (Tese de doutorado). Pontifícia Universidade Católica de São Paulo, São Paulo, SP, Brasil.

Unesco. (2015). *Relatório de monitoramento global de educação para todos.* Recuperado de: http://unesdoc.unesco.org/images/0023/002325/232565por.pdf.

Unicef. (2010). *O impacto do racismo na infância.* Brasília. Recuperado de: https://www.unicef.org/brazil/pt/br_folderraci.pdf.

CAMINHOS, TRAMAS E DIÁLOGOS DO TORNAR-SE SUJEITO

Uriarte, U. M. (2012). O que é fazer etnografia para os antropólogos. In *Ponto Urbe* [Online], *11*. doi: 10.4000/pontourbe.300Valdez, D. (2002). *História da infância em Goiás: Séculos XVIII e XIX*. (Coleção Histórias de Goiás) Goiânia: AGEPEL/UEG.

Vieira, L. M. F. (1986). *Mal Necessário: Creches no Departamento Nacional da Criança (1940 – 1970)*. Belo Horizonte: NESCON/UFMG.

Waiselfisz, J. J. (2016). *Mapa da Violência 2016: Homicídios por armas de fogo no Brasil*. Brasília: Flacso. Recuperado de http://www.mapadaviolencia.org.br/pdf2016/Mapa2016_armas_web.pdf

Zimerman, D. E. (2012). *Etimologia de termos psicanalíticos*. Porto Alegre: Artmed.